L'AI non è quello che pensi

50 domande per capire davvero l'intelligenza artificiale

Fabio Lalli

Edizione aggiornata e ampliata 2026

Copyright © 2024 Fabio Lalli | Update Marzo 2026

Tutti i diritti riservati.

Codice ISBN: 9798344736587

DEDICA

A mia moglie, che mi sente costantemente discutere di questi temi con chiunque incroci sul mio cammino e, forse, non ne può più.

Ai miei figli, che ormai conoscono questi argomenti quasi meglio di me, a forza di ascoltare pistolotti, chiacchierate e approfondimenti.

E, soprattutto, a tutti gli scettici che ancora credono che l'intelligenza artificiale sia solo fumo negli occhi, e ai curiosi che si domandano se dietro quelle righe di codice si nasconda davvero qualcosa di rivoluzionario, capace di cambiare radicalmente le nostre vite.

Questo libro è per tutti. Non è un testo tecnico, ma non vuole essere nemmeno troppo superficiale. Siate pronti a cambiare idea, o a restare scettici: sono convinto che, prima o poi, l'AI riuscirà a sorprendervi. E che sia nel bene o nel male, quel momento arriverà. Chissà, forse alla fine troveremo tutti qualche risposta in più… o forse, semplicemente, altre domande.

Indice

L'AI NON È QUELLO CHE PENSI 1

DEDICA 3

Indice 5

Prefazione 10

Nota all'edizione 2026 15

Introduzione 18

PARTE I. CAPIRE L'AI OGGI 22

1. Cos'è davvero l'intelligenza artificiale nel 2026? 24

2. Come fa l'AI a imparare senza avere un cervello? 28

3. Qual è la differenza tra AI, machine learning e deep learning? 32

4. Che cos'è un LLM e perché oggi è al centro di tutto? 36

5. Che cosa sono i token e perché contano così tanto? 40

6. Perché diciamo che l'AI è un sistema statistico e non una mente? 44

7. Perché un modello non sa davvero né ciò che legge né ciò che scrive? 48

8. Perché l'AI non sa contare bene, non ragiona sempre e ogni tanto allucina? 52

9. Che cos'è il RAG e perché non è la stessa cosa della memoria? 56

10. Tutti i robot sono AI, e tutte le AI diventeranno robot? 60

PARTE II. LAVORO, COMPETENZE, ORGANIZZAZIONI 65

11. L'AI ci toglierà il lavoro o ci cambierà il lavoro? 67

12. Quali professioni verranno trasformate prima? 71

13. Perché i ruoli junior sono quelli più esposti? 75

15. Tutti dovranno saper programmare? 82

16. Che cosa significa essere AI literate nel 2026? 86

18. Un'azienda può diventare davvero AI-native? 92

19. Fino a dove possiamo delegare decisioni agli agenti AI? 95

20. Come deve cambiare la scuola se l'AI è sempre disponibile?..98

PARTE III. SOCIETÀ, MEDIA, PERSONE 102

21. L'AI può influenzare le nostre scelte senza che ce ne accorgiamo? 104

22. Gli algoritmi ci conoscono meglio di quanto conosciamo noi stessi? 108

24. L'AI può manipolare elezioni e opinione pubblica?............114

28. Avremo compagni, coach o terapeuti AI? 129

30. Come cambia il nostro rapporto con la verità quando tutto può essere simulato? 135

PARTE IV. REGOLE, POTERE, MERCATO 138

31. Chi controlla oggi l'AI: aziende, Stati o infrastrutture? 140

32. L'AI è già troppo concentrata in mano a pochi attori? 143

34. Cosa chiede davvero l'AI Act a imprese e professionisti? 150

35. Perché l'AI literacy è diventata un obbligo e non solo una competenza utile? 154

PARTE V. LIMITI E FUTURI 175

41. L'AI prenderà il controllo del mondo? 177

42. Le macchine potranno diventare coscienti? 181

45. L'AI prova emozioni o le simula soltanto? 192

47. L'AI può autosvilupparsi e progettare se stessa? 199

48. L'AI può aiutare il clima senza aggravare il costo energetico? 202

50. Lasceremo davvero una versione digitale di noi dopo la morte? 210

Conclusione 215

Glossario minimo per orientarsi 218

Epilogo 224

Informazioni sull'autore 230

Prefazione

Questo libro nasce da una constatazione semplice: negli ultimi anni l'intelligenza artificiale è entrata in ogni conversazione, ma non per questo è diventata più chiara. Anzi. Più se ne parla, più aumenta il rumore. C'è chi la considera una scorciatoia universale, chi una minaccia totale, chi una moda destinata a sgonfiarsi e chi un nuovo orizzonte inevitabile. In mezzo, però, ci sono le persone normali: professionisti, imprenditori, docenti, studenti, genitori, manager, curiosi e scettici. Persone che non hanno bisogno di slogan. Hanno bisogno di capire.

Il titolo resta volutamente provocatorio. Non per liquidare le domande come ingenue, ma per rivendicare il contrario: spesso le domande più utili sono proprio quelle che sembrano elementari, scomode o mal poste. "L'AI pensa?", "Ci ruba il lavoro?", "Sa quello che scrive?", "Può manipolarci?", "È già fuori controllo?". Sono domande imperfette, ma reali. E quando una tecnologia entra nella vita quotidiana, le domande reali contano più del gergo tecnico.

Questa nuova edizione non vuole fare la morale a chi teme l'AI, né evangelizzare chi la usa già ogni giorno. Vuole fare ordine. Tenere insieme chiarezza e complessità. Spiegare senza banalizzare. Aggiornare senza inseguire ogni buzzword. Per questo ho mantenuto la struttura in 50 domande e risposte: è un formato che costringe a essere diretto, ma permette anche di scavare. Ogni capitolo parte da un dubbio concreto e prova a trasformarlo in una comprensione più solida.

La promessa del libro è la stessa della prima edizione, ma con un'ambizione in più: non limitarsi a dire che l'AI non è quello che pensi, ma aiutarti a capire meglio che cosa è, che cosa non è e soprattutto che cosa sta diventando. Perché nel 2026 il punto non è più osservare l'AI da fuori. Il punto è imparare a vivere, lavorare, decidere e discutere in un mondo dove l'AI è già dentro molte delle cose che facciamo.

C'è anche un'altra ragione per cui questo libro mantiene il formato delle domande. Le domande costringono a non rifugiarsi nel gergo. Ti obbligano a partire da ciò che davvero mette in difficoltà chi legge o chi lavora con questi strumenti. In questi anni mi è capitato di parlarne con imprenditori, manager, studenti, docenti, creativi, professionisti e persone semplicemente curiose. Le domande cambiano lessico, ma quasi sempre ruotano intorno agli stessi nodi: che cosa fa davvero questa tecnologia, dove posso fidarmi, dove rischio di delegare troppo, che cosa cambia nel mio lavoro, che cosa cambia nel modo in cui costruiamo verità, relazioni, reputazione, apprendimento. Prendere sul serio queste domande significa fare divulgazione nel senso migliore: non semplificare il problema, ma renderlo abitabile.

Per questo troverai un libro più ampio della prima versione. Non solo perché il tema lo richiede, ma perché oggi non basta più dare una risposta rapida e chiudere lì. L'AI è uscita dalla fase in cui bastava spiegare il fenomeno. È entrata in una fase in cui bisogna leggere bene le conseguenze. E leggere bene le conseguenze significa rallentare dove serve, fare esempi, distinguere i livelli del discorso, nominare i rischi senza trasformarli in teatro, e riconoscere i benefici senza cadere nella propaganda. Ho provato a farlo senza irrigidire la voce del libro: restando accessibile, ma aggiungendo profondità.

Un'ultima precisazione riguarda il tono. In queste pagine non troverai né una liturgia del futuro inevitabile né la nostalgia rassicurante di un mondo pre-AI. Non credo che la risposta giusta sia difendere il passato a prescindere, ma non credo nemmeno che la velocità sia un valore in sé. Credo che serva maturità. E la maturità, quando entra una tecnologia così pervasiva, comincia spesso da una cosa molto semplice: imparare a chiamare le cose con il loro nome, distinguendo ciò che è potente da ciò che è solo spettacolare, ciò che è utile da ciò che è solo seducente, ciò che è automatizzabile da ciò che resta profondamente umano.

Nota all'edizione 2026

Quando è uscita la prima versione di questo libro, l'intelligenza artificiale era soprattutto un oggetto di stupore. Oggi è diventata infrastruttura. Non è più solo qualcosa che genera testi o immagini sorprendenti: entra nei flussi di lavoro, nelle piattaforme educative, nei sistemi di supporto alle decisioni, nei motori di ricerca, nei tool creativi, nei processi aziendali, nelle frodi digitali e nei meccanismi con cui si costruisce o si distrugge fiducia.

Nel frattempo è cambiato anche il linguaggio con cui ne parliamo. Non ci sono più solo chatbot e prompt. Ci sono modelli multimodali, agenti, retrieval, automazione dei processi, contenuti sintetici, identità artificiali, obblighi di trasparenza, alfabetizzazione all'AI, governance e concentrazione dell'infrastruttura. In Europa, inoltre, la regolazione non è più una conversazione astratta: con l'AI Act alcune responsabilità sono già entrate nella pratica quotidiana di aziende, professionisti e organizzazioni.

Aggiornare questo libro, quindi, non significava soltanto aggiungere esempi nuovi. Significava cambiare prospettiva. Nel 2024 bastava spesso spiegare cos'era l'AI. Nel 2026 bisogna spiegare anche che cosa succede quando la si usa male, quando la si adotta senza cultura, quando la si delega troppo in fretta, quando la si personifica, quando la si sottovaluta o quando la si mette al centro di sistemi che impattano persone vere.

Per questo la prima parte del libro è diventata più educativa e più fondamentale. Prima di parlare di lavoro, potere, manipolazione, salute, creatività e futuro, serve chiarire le basi: cos'è un modello, che cosa fa davvero un LLM, perché parliamo di token, perché questi sistemi sono statistici, perché non capiscono come capiamo noi, perché possono essere utilissimi e allo stesso tempo fragili. Solo da lì si può costruire una conversazione adulta sull'AI.

Aggiornare questo libro ha significato anche fare un'operazione di pulizia concettuale. Negli ultimi due anni molte parole sono entrate nel linguaggio comune in modo veloce e confuso: agenti, copiloti, multimodalità, avatar, automazione intelligente, AI companion, synthetic media. Alcune descrivono fenomeni reali e utili, altre sono soprattutto etichette commerciali. Nella nuova edizione ho provato a trattenere solo ciò che aiuta davvero a capire. Non per inseguire meno l'attualità, ma per inseguirla meglio. Un buon libro divulgativo non dovrebbe dipendere dalla buzzword del mese. Dovrebbe darti una struttura che resta leggibile anche quando cambiano i nomi dei prodotti.

Ho anche scelto di rinforzare la parte iniziale perché l'esperienza mi dice che le basi vengono ancora date troppo spesso per scontate. Si discute di agenti, governance, copyright o impatto sul lavoro senza aver chiarito bene che cosa sia un modello statistico, che differenza passi tra apprendimento e memoria, perché un LLM possa essere brillante e fragile nello stesso tempo, o perché un sistema che parla in modo convincente non vada per questo trattato come un soggetto che comprende il mondo. La qualità del dibattito pubblico dipende moltissimo da queste fondamenta. Se sbagliamo quelle, il resto si piega subito in due direzioni opposte e ugualmente sterili: l'incantesimo o il rifiuto.

Introduzione

Ci sono due errori speculari che facciamo spesso quando parliamo di intelligenza artificiale. Il primo è trattarla come una magia. Il secondo è ridurla a una banalità. Nel primo caso la sovrastimiamo: immaginiamo che capisca, sappia, ragioni, intuisca, voglia. Nel secondo la sottostimiamo: pensiamo che sia solo un software un po' più evoluto, l'ennesima moda tecnologica, un assistente che scrive testi e nulla più. Entrambi gli errori portano fuori strada.

L'AI è più concreta e più strana di quanto sembri. Non pensa come noi, ma può fare cose che a noi richiederebbero tempi lunghi o sforzi enormi. Non ha coscienza, ma può generare interazioni che sembrano intelligenti. Non è neutrale, ma non è nemmeno malvagia per natura. È un insieme di tecniche, modelli, infrastrutture e prodotti che prendono decisioni probabilistiche, producono output plausibili e, sempre più spesso, vengono incorporati in processi sociali, economici e politici.

Per questo ho scelto di mantenere un approccio né apocalittico né ingenuo. Questo non è un libro per tifosi, né per luddisti. È un libro per chi vuole farsi un'idea più chiara.

Ogni domanda prova a togliere un po' di nebbia: prima sulle basi tecniche, poi sul lavoro, poi sulle implicazioni sociali, poi su regole e potere, infine sulle ipotesi più radicali e i futuri possibili.

Il metodo è semplice: partire da domande che circolano davvero e rispondere in un linguaggio leggibile, senza rinunciare alla precisione. Non serve essere ingegneri per capire l'AI. Ma nel 2026 non basta più nemmeno restare spettatori. L'AI è già abbastanza diffusa da influenzare il modo in cui produciamo, apprendiamo, comunichiamo, crediamo, acquistiamo, scegliamo, ricordiamo e immaginiamo il futuro. Questo libro prova a dare un lessico, una struttura e qualche antidoto contro l'eccesso di entusiasmo e contro la paura cieca.

Se alla fine della lettura avrai meno slogan in testa e più criteri per orientarti, allora il libro avrà fatto il suo lavoro.

Per leggere questo libro nel modo giusto conviene tenere a mente una distinzione semplice. Alcune domande qui dentro riguardano il funzionamento dei sistemi. Altre riguardano gli effetti che producono quando entrano nella vita sociale, economica, educativa e politica. Le prime servono a togliere mistero. Le seconde servono a togliere ingenuità. Se separiamo troppo questi piani, però, perdiamo qualcosa. Chi parla solo di tecnica finisce spesso per sottovalutare le conseguenze. Chi parla solo di conseguenze senza capire la tecnica, invece, tende a proiettare sulle macchine intenzioni che non hanno. Il libro prova a tenere insieme entrambe le prospettive.

Un'altra chiave di lettura utile è questa: non tutte le domande hanno una risposta definitiva, ma tutte possono essere affrontate meglio o peggio. Sulla coscienza delle macchine, per esempio, esistono ancora grandi zone speculative. Sulla qualità della governance, sulla trasparenza dei contenuti, sull'AI nel lavoro o sulla didattica, invece, le domande sono molto più concrete e già operative. L'errore comune è mettere tutto sullo stesso piano, come se discutere di un chatbot in customer care e discutere di una superintelligenza futura appartenessero allo stesso tipo di problema. Non è così. E saperlo cambia anche il modo in cui decidiamo dove mettere attenzione, regole, investimenti e prudenza.

Ho scelto quindi una progressione che parte dall'alfabetizzazione, passa per organizzazioni e società, si allarga a regole e potere e si chiude con i limiti più radicali e i futuri possibili. È una struttura pensata per accompagnare il lettore fuori da due trappole: l'idea che la tecnica basti a spiegare tutto e l'idea che il racconto sul futuro basti a orientare il presente. L'AI, oggi, chiede invece una competenza più composita: capacità di capire un sistema, ma anche capacità di leggerne gli effetti nel mondo.

Parte I. Capire l'AI oggi

Prima di discutere di lavoro, manipolazione, creatività o regolazione, serve mettere ordine nelle basi. Non perché la tecnologia venga prima delle sue conseguenze, ma perché senza una comprensione minima della macchina finiamo per attribuirle qualità che non possiede. Le diamo intenzioni, coscienza, volontà, giudizio morale, perfino personalità. In realtà un pezzo decisivo del dibattito pubblico sull'AI nasce proprio da qui: dalla personificazione.

La prima parte del libro ha quindi una funzione educativa. È il capitolo in cui si smontano i fraintendimenti più comuni: che cos'è davvero un sistema di AI, come "impara", che differenza c'è tra AI, machine learning e deep learning, che cos'è un LLM, perché i token contano, che cosa significa dire che un modello è statistico, perché non sa davvero ciò che legge né ciò che scrive, perché il RAG non è memoria, e perché i robot non sono il destino inevitabile di ogni intelligenza artificiale.

Capire questi concetti non serve a diventare tecnici. Serve a non farsi incantare dal linguaggio. Perché quando capisci come funziona il meccanismo, riesci anche a vedere meglio dove finisce la sua potenza e dove iniziano i suoi limiti.

Questa parte, quindi, non va letta come una premessa sacrificabile. È la cassetta degli attrezzi concettuale che rende leggibili anche tutte le parti successive. Se non capiamo perché un modello sia probabilistico, perché un LLM produca testo senza possederne il senso come lo possediamo noi, o perché il retrieval non coincida con la memoria, allora rischiamo di affrontare in modo confuso anche questioni più grandi come il lavoro, la manipolazione, la governance o la salute. Le metafore sbagliate sono comode, ma hanno costi reali: portano a fidarsi troppo, a temere male o a progettare usi inadatti.

Per questo il tono dei primi capitoli è volutamente didattico. Non c'è nulla di secondario nell'educazione di base all'AI. Al contrario, nel 2026 è una forma di cittadinanza tecnica. Non serve capire ogni dettaglio matematico. Serve però riconoscere i meccanismi essenziali abbastanza bene da non cadere nell'antropomorfismo e da saper formulare richieste, cautele e aspettative in modo più adulto.

1. Cos'è davvero l'intelligenza artificiale nel 2026?

Se togliamo un attimo il rumore mediatico, l'intelligenza artificiale è una famiglia di tecniche che permette a un sistema informatico di svolgere compiti che, a prima vista, ci sembrano "intelligenti": riconoscere immagini, prevedere comportamenti, classificare documenti, tradurre lingue, generare testo, scrivere codice, suggerire decisioni, guidare azioni. Non è una singola cosa, non è un solo prodotto e non è neppure sinonimo di chatbot. È un insieme di approcci diversi che hanno in comune un'idea: estrarre schemi dai dati e usarli per produrre un risultato utile.

Nel 2026 la forma più visibile dell'AI è quella generativa, perché parla, scrive, disegna, risponde, riassume e dà l'impressione di "capire". Ma l'AI è dappertutto anche quando non si vede. Sta nei sistemi antifrode, nei motori di raccomandazione, nelle analisi predittive, nei software che leggono documenti, nei sistemi che filtrano candidature, nei modelli che ottimizzano logistica, prezzo, inventario, manutenzione, energia. Insomma: l'AI non coincide con una tecnologia spettacolare. È diventata uno strato trasversale del software.

La differenza rispetto al software tradizionale non è che l'AI sia "magica", ma che invece di seguire solo regole scritte esplicitamente da un programmatore può apprendere regolarità dai dati. Un programma classico ti dice: se succede A, fai B. Un sistema di machine learning, invece, impara a riconoscere certe configurazioni a partire da esempi. È come se non gli insegnassi tutte le regole del gioco una per una, ma gli facessi vedere moltissime partite finché inizia a coglierne dei pattern.

Detto questo, chiamarla "intelligenza" può confondere. La parola è utile, ma va maneggiata con cautela. Questi sistemi sono potentissimi in compiti specifici, ma non hanno esperienza del mondo, coscienza, intenzione, responsabilità morale o comprensione umana nel senso pieno del termine. Sono strumenti sofisticati, capaci di performare bene in certi domini, non soggetti dotati di senso.

Il punto vero: l'AI non è una mente digitale che si sveglia dentro il computer; è un insieme di sistemi che imparano schemi dai dati e li usano per produrre previsioni, classificazioni o contenuti.

Per capirlo meglio. Un modo utile per spiegare l'AI a chi parte da zero è questo: non è un cervello artificiale, è una macchina che riconosce regolarità e le usa per fare una stima. A volte la stima riguarda il testo successivo più probabile, altre volte la classe di un'immagine, la probabilità di frode di una transazione, il prodotto che potresti comprare, il tempo di guasto di un impianto. La parola "intelligenza" resta comoda perché descrive l'effetto che vediamo dall'esterno, non il meccanismo interno. Da fuori il comportamento sembra intelligente; da dentro troviamo matematica, dati, ottimizzazione, infrastruttura e una lunga catena di scelte umane. Capire questa distanza tra effetto percepito e funzionamento reale è il primo passo per non confondere competenza apparente e comprensione autentica.

L'errore da evitare. L'errore più comune è mettere nello stesso contenitore tutto ciò che appare "smart": un chatbot che scrive email, un algoritmo che ordina contenuti in un feed, un sistema che riconosce tumori in immagini radiologiche, una raccomandazione su una piattaforma, un motore antifrode. Sono tutte manifestazioni di AI, ma hanno logiche, rischi e impatti molto diversi. Se non distinguiamo i casi d'uso, finiamo per discutere in astratto e male. L'AI non va né demonizzata in blocco né celebrata in blocco. Va osservata per funzioni, contesti e livelli di autonomia. È lì che si capisce davvero dove crea valore, dove introduce fragilità e dove richiede supervisione.

Una verifica pratica. Quando senti dire "l'AI pensa", prova a sostituire la frase con questa: "il sistema ha riconosciuto un pattern e ha prodotto una stima utile". Non descrive tutto, ma riporta la conversazione su un terreno più concreto. È un piccolo esercizio linguistico che cambia molto anche il giudizio: smetti di discutere con una creatura immaginaria e inizi a valutare un sistema tecnico dentro un contesto d'uso.

Una domanda da portarti via. Quando usi o giudichi un sistema AI, stai valutando una "mente" o un meccanismo che riconosce pattern per produrre un risultato? Il modo in cui rispondi a questa domanda cambia quasi tutto il resto.

2. Come fa l'AI a imparare senza avere un cervello?

Quando diciamo che l'AI "impara", usiamo una metafora comoda ma imperfetta. Non impara come un bambino, non impara perché è curioso, non impara perché vuole capire il mondo. Impara nel senso che, durante una fase di addestramento, modifica i propri parametri interni per ridurre l'errore rispetto a un obiettivo. In pratica, aggiusta milioni o miliardi di piccoli pesi numerici finché le sue risposte diventano più vicine a quelle desiderate.

Un modo semplice per immaginarlo è questo: pensa a una gigantesca consolle piena di manopole. All'inizio le manopole sono regolate quasi a caso. Il sistema guarda dati, produce un output, confronta il risultato con quello atteso e poi corregge un po' le manopole. Ripete questo processo un numero enorme di volte. Alla fine, non "sa" nel senso umano del termine che cosa sta facendo, ma ha trovato una configurazione numerica che funziona abbastanza bene per quel compito.

Qui è utile distinguere tra addestramento e uso. L'addestramento è la fase lunga, costosa e invisibile in cui il modello viene costruito o affinato. L'uso, spesso chiamato inferenza, è la fase in cui gli fai una domanda o gli dai un input e lui restituisce un output. Quando interagisci con un assistente AI, di solito non stai assistendo a un apprendimento in tempo reale: stai usando un modello già addestrato che applica ciò che ha già incorporato nei suoi parametri, magari con l'aiuto di memoria o documenti esterni.

Questo spiega anche perché l'AI può sembrare brillante in alcune cose e completamente fragile in altre. Non possiede una comprensione generale del mondo. Ha una capacità di generalizzazione statistica: riesce a cavarsela su casi simili a quelli per cui è stata addestrata, ma può deragliare appena cambia il contesto o appena serve un tipo di ragionamento simbolico, causale o situazionale che non ha davvero interiorizzato.

Il punto vero: l'AI non impara come una persona; ottimizza parametri numerici per ridurre l'errore su enormi quantità di esempi.

Per capirlo meglio. L'apprendimento di un modello non è un accumulo di nozioni come in una mente umana. È più simile alla calibrazione di uno strumento. Prendi una bilancia che all'inizio pesa male: la confronti con pesi noti, la correggi, la ricontrolli, la riaggiusti. Un modello fa qualcosa di simile su scala enorme. Durante il training non riceve solo informazioni: riceve anche un segnale d'errore, cioè una misura di quanto ha sbagliato, e usa quel segnale per aggiornare i propri parametri. Questo processo, ripetuto un numero immenso di volte, produce una configurazione che generalizza abbastanza bene su casi simili. Non nasce quindi una "mente"; nasce un sistema numerico capace di intercettare regolarità utili.

L'errore da evitare. Molti credono che, parlando con un assistente AI, questo stia "imparando te" nello stesso modo in cui una persona impara a conoscerti. Nella maggior parte dei casi non è così. Il modello di base non si sta riscrivendo a ogni messaggio. Può usare il contesto della conversazione, eventuali memorie applicative o dati che il prodotto conserva, ma questo è diverso dal riaddestrare il modello. La distinzione conta molto anche sul piano culturale: se pensi che il sistema stia imparando come un essere umano, gli attribuirai intenzioni, crescita, esperienza. Se capisci che sta applicando parametri appresi e contesto disponibile, diventa più facile valutarlo con lucidità.

Una verifica pratica. Ogni volta che un tool AI sembra "migliorare mentre lo usi", chiediti da dove arriva davvero quel miglioramento: dal modello di base, dal contesto della sessione, da istruzioni migliori, da un RAG collegato, da una memoria applicativa o da un prodotto che salva preferenze?

Distinguere queste componenti aiuta a non scambiare personalizzazione di prodotto e apprendimento profondo del modello.

Una domanda da portarti via. Se il sistema non impara come una persona, che cosa significa davvero dire che "ti conosce" o che "sta migliorando con te"? Capire il tipo di apprendimento in gioco protegge da molte illusioni.

3. Qual è la differenza tra AI, machine learning e deep learning?

"AI", "machine learning" e "deep learning" vengono spesso usati come sinonimi, ma non lo sono. AI è il contenitore più ampio: include tutti i metodi con cui una macchina prova a svolgere compiti che associamo all'intelligenza. Dentro questo contenitore c'è il machine learning, cioè l'insieme delle tecniche in cui un sistema impara dai dati invece di seguire solo regole esplicite. Dentro il machine learning, poi, c'è il deep learning, che usa reti neurali composte da molti livelli per riconoscere strutture e regolarità molto complesse.

Se vuoi una metafora semplice, pensa a tre cerchi concentrici. Il cerchio più grande è l'AI. Uno più piccolo è il machine learning. Uno ancora più piccolo è il deep learning. Non tutta l'AI è machine learning e non tutto il machine learning è deep learning. Esistono anche sistemi basati su regole, motori decisionali, ottimizzazione, ricerca simbolica e altre tecniche che rientrano nella grande famiglia dell'AI senza appartenere al deep learning.

Perché allora oggi si parla quasi sempre di deep learning? Perché è il paradigma che ha prodotto i progressi più visibili degli ultimi anni, soprattutto in visione artificiale, riconoscimento del parlato e modelli generativi. Le reti neurali profonde hanno dimostrato di saper estrarre pattern potentissimi da enormi quantità di dati, ma a prezzo di più calcolo, più energia, meno interpretabilità e una maggiore dipendenza dalla qualità dei dati e dell'infrastruttura.

Capire questa distinzione serve a non farsi ingannare dal linguaggio. Quando qualcuno dice "usiamo AI", non ti sta ancora dicendo nulla di preciso. Potrebbe parlare di un sistema esperto con regole rigide oppure di un grande modello neurale addestrato su milioni di documenti. E le implicazioni in termini di costi, rischi, spiegabilità e manutenzione possono essere molto diverse.

Il punto vero: AI è il nome della famiglia; machine learning è il ramo che impara dai dati; deep learning è il ramo del machine learning che usa reti neurali profonde per compiti complessi.

Per capirlo meglio. Il termine ombrello è AI. Dentro quell'ombrello ci sono molti approcci. Il machine learning è la sottofamiglia che impara dai dati invece di affidarsi solo a regole scritte a mano. Il deep learning è una sottofamiglia del machine learning basata su reti neurali con molti strati, particolarmente efficace quando i dati sono grandi e complessi, come linguaggio, immagini, audio o video. È una distinzione che sembra scolastica, ma ha un valore pratico: ti aiuta a capire che non tutta l'AI è generativa, non tutto il machine learning è deep learning, e non tutto ciò che chiamiamo AI oggi dipende dalla stessa architettura tecnica.

L'errore da evitare. Quando questi termini vengono usati come slogan, succede una cosa curiosa: la conversazione si fa più confusa proprio mentre sembra diventare più "tecnica". In realtà basta una mappa molto semplice. Se hai un sistema che segue regole definite esplicitamente, non stai parlando per forza di machine learning. Se hai un sistema che apprende pattern dai dati, sei nel machine learning. Se questo apprendimento passa attraverso grandi reti neurali multilivello, entri nel deep learning. Questa gerarchia è utile anche per valutare limiti, costi e aspettative: non tutti i problemi richiedono modelli enormi, e non tutte le soluzioni migliori passano dal buzzword più recente.

Una verifica pratica. Se in una riunione o in aula qualcuno usa AI, machine learning e deep learning come sinonimi assoluti, fermare la conversazione con una definizione semplice può già alzare il livello del dibattito. Non è pedanteria: è il modo più rapido per evitare che da una parola vaga si passi a decisioni altrettanto vaghe su adozione, rischi e aspettative.

Una domanda da portarti via. Hai davvero bisogno del termine più di moda, oppure ti basta capire se il problema richiede regole esplicite, apprendimento dai dati o reti profonde? Spesso la chiarezza inizia da una tassonomia semplice.

4. Che cos'è un LLM e perché oggi è al centro di tutto?

LLM significa Large Language Model, cioè "grande modello di linguaggio". È un sistema addestrato su enormi quantità di testo per prevedere quale unità linguistica sia più probabile dopo quelle precedenti. Semplificando molto: dato un contesto, prova a indovinare il pezzo successivo. Ripetendo questa operazione miliardi di volte durante l'addestramento, finisce per acquisire una rappresentazione statistica molto ricca di come funziona il linguaggio e di molte strutture presenti nei testi su cui è stato esposto.

È qui che nasce l'effetto sorprendente. Poiché una quantità enorme di conoscenza umana passa attraverso il linguaggio, un modello molto grande può imparare regolarità che lo rendono utile per riassumere, tradurre, riscrivere, spiegare, classificare, generare idee, redigere bozze e perfino scrivere codice. Ma il fatto che usi bene il linguaggio non significa che capisca come capiamo noi. Un LLM non è una mente in forma testuale. È una macchina statistica che lavora su sequenze linguistiche.

Nel 2026 gli LLM sono al centro di tutto perché il linguaggio è diventato l'interfaccia universale del software. Prima dovevi imparare menu, comandi, workflow, formati. Ora puoi spesso descrivere un obiettivo in linguaggio naturale e lasciare che il sistema trasformi quell'istruzione in un'azione, un testo, una ricerca, un frammento di codice, una tabella, una sintesi o un passaggio operativo. È una rivoluzione dell'interfaccia prima ancora che della "intelligenza".

Tuttavia un LLM non è un motore di ricerca, non è una banca dati affidabile, non è un soggetto responsabile e non è un garante della verità. Può essere collegato a ricerche, documenti e strumenti esterni, ma preso da solo resta un modello che genera sequenze plausibili. Ed è proprio questa combinazione di potenza linguistica e fragilità epistemica a renderlo così utile e così delicato.

Il punto vero: un LLM è un modello che impara le regolarità del linguaggio e genera testo predicendo il token successivo; il suo potere sta nell'interfaccia linguistica, non in una comprensione umana del mondo.

Per capirlo meglio. Un LLM, large language model, è un modello addestrato su enormi quantità di testo per stimare quale sequenza linguistica sia più plausibile dato un contesto. Questa definizione sembra riduttiva, ma è il punto chiave. Il modello non "ha" una frase pronta da tirare fuori: costruisce l'output passo dopo passo, token dopo token, in base a pattern statistici appresi durante l'addestramento e al contesto che riceve in input. La sua forza sta nel fatto che il linguaggio contiene moltissima struttura: sintassi, semantica debole, abitudini discorsive, relazioni concettuali, formati, istruzioni. Predicendo bene il seguito, il modello riesce a simulare attività molto diverse: riassumere, classificare, spiegare, tradurre, scrivere codice, riformulare, estrarre informazioni.

L'errore da evitare. Il fatto che un LLM sia costruito sul linguaggio porta molte persone a pensare che "parli" come noi. In realtà il linguaggio, per lui, è soprattutto una superficie altamente strutturata. Questo non lo rende inutile, anzi: lo rende potentissimo come interfaccia universale. Ma proprio qui sta l'ambiguità. Siccome risponde in frasi ben formate e spesso convincenti, siamo tentati di attribuirgli una profondità di comprensione che potrebbe non esserci. Un LLM può essere molto bravo a usare il linguaggio senza possedere un rapporto diretto con il mondo simile al nostro. Ed è questa asimmetria che bisogna tenere sempre sullo sfondo.

Una verifica pratica. Per capire davvero un LLM, prova a usarlo su tre compiti molto diversi: riassumere un testo, classificare un contenuto e scrivere una bozza di email. Ti accorgerai che il modello cambia "maschera", ma il meccanismo di fondo resta lo stesso: predizione guidata dal contesto. È una buona difesa contro la tentazione di attribuire capacità misteriose a ogni nuova demo.

Una domanda da portarti via. Se un LLM genera linguaggio plausibile token dopo token, quali attività gli stai chiedendo che sfruttano bene questo meccanismo e quali, invece, lo portano fuori dal suo terreno naturale?

5. Che cosa sono i token e perché contano così tanto?

Uno dei concetti più semplici e allo stesso tempo più importanti da capire è questo: un modello linguistico non lavora sulle parole come facciamo noi. Lavora su token. Un token è un'unità di testo che può corrispondere a una parola intera, a una parte di parola, a una sillaba frequente, a un segno di punteggiatura, a un numero o a una sequenza di caratteri. In altre parole, il testo viene spezzato in mattoncini che il modello sa manipolare.

Questo dettaglio tecnico ha conseguenze enormi. Prima di tutto, un token non coincide con una parola. Una parola lunga può diventare più token; una parola breve può essere un solo token; numeri, simboli e punteggiatura hanno un comportamento tutto loro. Per questo quando senti parlare di "contesto da 128 mila token" non devi tradurlo automaticamente in "128 mila parole". Il volume di testo effettivo dipende da come quel testo viene tokenizzato.

I token contano anche per un altro motivo: il modello genera un output un token alla volta. Non "pensa" tutta la frase e poi la scrive. Procede per passi successivi, aggiornando a ogni passaggio la probabilità del token seguente. È un processo che sembra fluido a noi, ma sotto il cofano è una continua scelta probabilistica tra moltissime possibili continuazioni.

Infine i token contano in termini pratici. Determinano costi di utilizzo, velocità, quantità di contesto disponibile, qualità della memoria temporanea durante una conversazione e rischio di perdere informazioni importanti in prompt troppo lunghi. Chi usa l'AI solo da interfaccia spesso ignora i token; chi la usa in modo professionale deve invece considerarli una risorsa concreta.

Il punto vero: i modelli non vedono il testo come lo vediamo noi; vedono una sequenza di token, e tutta la loro generazione avviene un token alla volta.

Per capirlo meglio. I token sono le unità in cui il testo viene scomposto dal modello. Non coincidono perfettamente né con le parole né con le lettere. Possono essere pezzi di parola, parole intere, segni di punteggiatura, numeri, frammenti molto frequenti. Perché contano così tanto? Perché il modello non "vede" il testo come lo vediamo noi, cioè come una frase con significato complessivo. Lo processa come una sequenza di unità discrete da rappresentare numericamente e da collegare tra loro nel contesto. Questo incide su tutto: sul costo computazionale, sulla lunghezza del contesto, sulla precisione con cui gestisce numeri, formati, lingue diverse, codice e documenti lunghi. Pensare per token aiuta a capire perché alcune richieste semplici per noi siano innaturali per il modello.

L'errore da evitare. Molte delusioni nell'uso dei modelli nascono dal fatto che gli utenti formulano richieste pensando che il sistema tratti il testo come lo tratterebbe una persona. Per esempio: un testo lungo "sta tutto nella sua testa", un numero resta un numero, una tabella resta una tabella, una nota a piè pagina conserva automaticamente il proprio ruolo. In realtà il modello lavora su finestre di contesto finite e su unità tokenizzate. Se vuoi ottenere buoni risultati, devi imparare anche una piccola grammatica di interazione: spezzare, delimitare, contestualizzare, richiamare i vincoli, dichiarare il formato atteso. Non è una mania da prompt engineer; è semplice alfabetizzazione al mezzo.

Una verifica pratica. Quando un modello fatica con testi lunghi, tabelle, numeri o documenti complessi, non pensare subito che sia "stupido". Spesso stai vedendo gli effetti della tokenizzazione, del contesto e del formato. Riformulare l'input, delimitare bene i blocchi di testo e chiedere un output strutturato migliora molto i risultati proprio perché aiuta il sistema a gestire meglio le unità su cui lavora.

Una domanda da portarti via. Quanto del tuo modo di scrivere richieste all'AI tiene conto del fatto che il sistema lavora per token e contesto, non per intuizione umana del testo? Anche questa è alfabetizzazione tecnica.

6. Perché diciamo che l'AI è un sistema statistico e non una mente?

Dire che l'AI è un sistema statistico non significa sminuirla. Significa descriverla per ciò che è. Un modello come un LLM non opera perché "sa" delle cose nel senso umano del termine, ma perché ha appreso distribuzioni, frequenze, relazioni e regolarità da grandi quantità di dati. Quando risponde, stima quale continuazione sia più probabile o più adatta dato il contesto. È un comportamento governato da probabilità, non da coscienza o intenzione.

Molte persone sentono la parola "statistico" e pensano a qualcosa di freddo, limitato, quasi banale. In realtà la statistica, quando è spinta a questa scala e combinata con modelli molto grandi, produce capacità sorprendenti. Il linguaggio umano contiene una quantità enorme di struttura: grammatica, stile, associazioni concettuali, convenzioni, logiche di contesto, relazioni implicite. Imparare queste strutture statistiche significa riuscire a fare cose che, dal nostro punto di vista, assomigliano a forme di ragionamento.

Ma qui c'è il punto: somigliare non vuol dire coincidere. Un sistema statistico può restituire una risposta molto intelligente senza possedere ciò che noi chiamiamo esperienza, convinzione, coscienza del significato o rapporto vissuto con il mondo. Può essere bravissimo nel generare spiegazioni e pessimo nel sapere quando non sa. Può costruire una frase corretta senza avere la minima idea del fatto che quella frase descriva qualcosa di reale, falso, impossibile o moralmente problematico.

Capire l'AI come sistema statistico aiuta a evitare due errori opposti. Il primo è idolatrarla, perché scambiamo la fluidità per comprensione. Il secondo è sottovalutarla, perché pensiamo che se è "solo statistica" allora non possa avere effetti profondi. In realtà può avere effetti profondissimi proprio perché è una statistica potentissima incorporata in sistemi, interfacce e decisioni.

Il punto vero: l'AI generativa non ragiona come una mente consapevole; produce output sulla base di regolarità statistiche apprese dai dati.

Per capirlo meglio. Dire che l'AI è un sistema statistico non significa dire che funziona "a caso". Significa che opera attraverso correlazioni, distribuzioni di probabilità, pesi appresi e inferenze numeriche, non attraverso un significato vissuto o un'intenzione cosciente. Quando produce una risposta, il modello valuta molte possibilità e ne privilegia alcune in base alla loro plausibilità rispetto al contesto.

Questo spiega sia la sua efficacia sia il suo limite. L'efficacia nasce dal fatto che il mondo digitale e linguistico contiene davvero pattern sfruttabili. Il limite nasce dal fatto che la plausibilità non coincide sempre con la verità, e la correlazione non equivale a comprensione causale o conoscenza vissuta.

L'errore da evitare. Spesso si usa "statistico" come insulto, quasi a dire che allora il sistema sarebbe banale. È il contrario. I sistemi statistici moderni sono potentissimi proprio perché riescono a catturare strutture molto complesse. Ma se scordiamo la loro natura, smettiamo di vedere dove possono fallire. Un modello statistico può darti una risposta impeccabile nella forma e sbagliata nella sostanza. Può essere ottimo su distribuzioni note e fragile su casi marginali. Può generalizzare bene e, nello stesso tempo, non sapere quando non sa. Capire il carattere statistico dell'AI serve quindi sia a rispettarne la potenza sia a non scambiarla per saggezza.

Una verifica pratica. Chiediti sempre se una risposta è plausibile o verificata. È un test semplice ma potentissimo. Se il compito richiede verità documentabile, citazioni, calcoli o conseguenze concrete, la plausibilità non basta. Questo piccolo cambio di criterio è una delle forme più utili di alfabetizzazione all'AI e impedisce di confondere fluidità con affidabilità.

Una domanda da portarti via. Nei compiti che affidi all'AI, ti basta una risposta plausibile o ti serve una risposta vera, spiegabile e verificabile? La natura statistica del sistema rende questa distinzione decisiva.

7. Perché un modello non sa davvero né ciò che legge né ciò che scrive?

Una delle frasi più utili da tenere a mente è questa: un modello non sa davvero ciò che legge e non sa davvero ciò che scrive. Può sembrare paradossale, soprattutto quando produce risposte impeccabili, ma è il cuore del problema. Quando un LLM riceve un testo, non lo "legge" come lo leggiamo noi. Non lo collega a un'esperienza vissuta, a un corpo, a un'intenzione o a una credenza. Lo trasforma in rappresentazioni numeriche e lo tratta come contesto utile per prevedere il seguito.

Lo stesso vale per l'output. Quando il modello scrive, non sta affermando qualcosa di cui si assume la responsabilità. Non sa se sta dicendo il vero, il falso, il plausibile, il contraddittorio o l'assurdo. Sa solo che, dati i pattern appresi e il contesto presente, quella sequenza di token ha buone probabilità di funzionare. A volte funziona benissimo. A volte produce errori sottili, molto più pericolosi di quelli grossolani, perché vengono espressi con sicurezza.

Questo non rende il modello inutile, anzi. In molti compiti umani la forma del linguaggio è una parte importante del valore: spiegare, sintetizzare, strutturare, confrontare, proporre alternative, cambiare registro, ordinare informazioni sparse. Un sistema che padroneggia bene queste strutture linguistiche può essere incredibilmente utile anche senza capire nel senso forte. Ma proprio perché non capisce nel senso forte, ha bisogno di essere ancorato a contesto, verifica, supervisione e talvolta strumenti esterni.

Quando dimentichiamo questa distinzione, iniziamo a proiettare sul modello qualità che non ha. Gli attribuiamo intenzioni, opinioni, memoria stabile, persino sincerità. È una scorciatoia psicologica comprensibile, perché la conversazione è fluida. Ma è anche il modo più rapido per usarlo male.

Il punto vero: il modello tratta testi in forma numerica e genera testi plausibili; la fluidità della risposta non prova che ne comprenda davvero il significato.

Per capirlo meglio. Quando diciamo che il modello non sa davvero ciò che legge o ciò che scrive, non stiamo dicendo che "non serve a niente". Stiamo dicendo che il suo rapporto con il linguaggio non è ancorato al mondo come il nostro. Noi leggiamo una frase portandoci dietro corpo, memoria vissuta, esperienza sensoriale, contesto culturale, intenzioni, fini. Un modello elabora sequenze simboliche e relazioni statistiche tra quei simboli. Può rappresentare molto bene una nozione perché ne ha visto migliaia di occorrenze, ma questo non implica una comprensione situata. È come conoscere perfettamente la forma di una conversazione sul mare senza aver mai sentito il sale, il vento o il rumore delle onde.

L'errore da evitare. Qui il rischio non è solo teorico. Se confondi competenza linguistica e comprensione, tenderai a fidarti dell'output oltre il ragionevole. Una risposta elegante ti sembrerà automaticamente fondata, un tono sicuro ti sembrerà competenza, una spiegazione lineare ti sembrerà prova di conoscenza reale. Invece la qualità superficiale del discorso è una delle cose che questi sistemi sanno imitare meglio. Per questo, ogni volta che il compito tocca fatti, responsabilità, numeri, diagnosi o decisioni, devi chiederti: il modello sta veramente accedendo a una base affidabile, oppure sta solo generando una forma linguistica molto plausibile?

Una verifica pratica. Davanti a un output particolarmente convincente, prova a fare una domanda di controllo che richieda ancoraggio al mondo: fonte, esempio concreto, data, passaggio verificabile, citazione esatta, numero, eccezione. Se la risposta resta vaga o si contraddice, hai appena visto il confine tra buona performance linguistica e comprensione realmente fondata.

Una domanda da portarti via. Quando un output ti convince, da che cosa nasce la tua fiducia: dalla qualità del tono oppure dall'ancoraggio a fatti, fonti e passaggi controllabili? La differenza è meno ovvia di quanto sembri.

8. Perché l'AI non sa contare bene, non ragiona sempre e ogni tanto allucina?

Molti restano sorpresi quando scoprono che un sistema capace di scrivere una buona email, riassumere un saggio o spiegare Kant può inciampare su un conto banale, sbagliare una tabella o inventare una fonte. Eppure non è una contraddizione. Dipende dal fatto che i modelli linguistici sono ottimizzati principalmente per prevedere sequenze di testo plausibili, non per eseguire calcolo simbolico esatto o per garantire verità fattuale in ogni risposta.

Quando diciamo che l'AI "non sa contare", ovviamente semplifichiamo. I modelli possono spesso cavarsela con l'aritmetica elementare, soprattutto se il problema è frequente nei dati o se vengono guidati passo passo. Ma l'affidabilità non è quella di una calcolatrice. Il motivo è semplice: il loro mestiere non è fare matematica esatta, ma generare testo. Se hanno a disposizione strumenti esterni, come un interprete di codice o un calcolatore, diventano molto più robusti. Da soli, invece, possono confondere pattern familiari con procedure rigorose.

Lo stesso vale per il ragionamento. A volte sembrano ragionare benissimo perché sanno decomporre un problema in passaggi linguistici convincenti. Ma il fatto che la spiegazione sembri logica non garantisce che il processo sottostante lo sia davvero. In alcuni casi il modello ricostruisce una catena plausibile; in altri produce una specie di simulazione del ragionamento. È utile, ma va trattato con cautela.

Le allucinazioni nascono proprio qui. Il modello non "mente" in senso morale. Riempie i vuoti con continuazioni plausibili quando non ha abbastanza contesto, quando l'input è ambiguo o quando la forma attesa della risposta è più forte della sua base fattuale. Per ridurre il problema servono istruzioni chiare, verifica, fonti esterne, RAG e tool specializzati. Ma il rischio non sparisce mai del tutto.

Il punto vero: un LLM eccelle nella plausibilità linguistica, non nell'esattezza automatica; per questo può sembrare brillante e allo stesso tempo sbagliare su conti, fatti o passaggi logici.

Per capirlo meglio. Il fatto che molti modelli sbaglino a contare, ragionino in modo discontinuo o producano allucinazioni non è un incidente marginale: è una finestra sul loro funzionamento. Un LLM non nasce per manipolare simboli matematici con rigore nativo, ma per prevedere sequenze linguistiche plausibili. Può emulare passi di ragionamento, soprattutto se guidato bene o collegato a strumenti esterni, ma non sempre possiede un meccanismo interno stabile per garantire correttezza logica o aritmetica. L'allucinazione, in questo senso, non è una bugia intenzionale. È l'emersione di una risposta fluida in assenza di un vincolo forte alla verità, alla verifica o alla computazione esatta.

L'errore da evitare. Il problema non è pensare che il modello sbagli; il problema è pensare che sbagli "come noi". Una persona può inventare, confondere, ricordare male, ma di solito ha anche un rapporto vissuto con l'ignoranza, con il dubbio, con la vergogna dell'errore. Il modello no. Non prova imbarazzo, non teme la figuraccia, non sente il bisogno di fermarsi. Perciò la sua sicurezza discorsiva può essere molto mal calibrata rispetto all'affidabilità reale. La regola pratica è semplice: ogni volta che servono precisione numerica, tracciabilità delle fonti o correttezza logica rigorosa, il modello va affiancato da controlli, strumenti esterni o procedure di verifica.

Una verifica pratica. Per attività che richiedono calcoli, liste esatte, passaggi logici o riferimenti precisi, chiedi sempre al modello di esplicitare il procedimento e poi controllalo con uno strumento esterno. Non perché il modello sia inutile, ma perché la verifica è parte del processo. Trattarlo come primo draft cognitivo e non come verdetto finale riduce moltissimo gli errori.

Una domanda da portarti via. In quali momenti del tuo lavoro la fluidità del modello rischia di nascondere errori numerici, logici o fattuali che diventano costosi solo più tardi? È lì che la verifica deve diventare routine.

9. Che cos'è il RAG e perché non è la stessa cosa della memoria?

RAG è l'acronimo di Retrieval-Augmented Generation. Tradotto: generazione aumentata dal recupero di informazioni. In pratica, invece di chiedere al modello di rispondere usando solo ciò che ha "compresso" nei suoi parametri durante l'addestramento, gli si affianca un meccanismo che cerca documenti rilevanti al momento della richiesta e li inserisce nel contesto della risposta. È come far sostenere al modello un esame a libro aperto invece che a memoria.

Questo è fondamentale in molti contesti professionali. Se vuoi usare l'AI con documentazione aziendale, regolamenti, manuali, contratti, procedure interne, knowledge base o archivi aggiornati, non puoi sperare che il modello sappia già tutto. Devi metterlo nelle condizioni di recuperare il materiale giusto e di usarlo come base. Il RAG serve esattamente a questo: ridurre le allucinazioni, ancorare le risposte a fonti specifiche e aggiornare il contesto senza riaddestrare il modello ogni volta.

Ma RAG non significa memoria. La memoria, in senso stretto, riguarda la capacità di ricordare informazioni su un utente, una conversazione, una preferenza o uno stato precedente. Il RAG, invece, riguarda il recupero di documenti rilevanti da una base esterna. Sono due funzioni diverse. Un sistema può avere una buona memoria e un pessimo RAG, oppure il contrario.

Inoltre il RAG non è una bacchetta magica. Se il sistema recupera i documenti sbagliati, se indicizza male le fonti, se il contesto è troppo lungo o se i materiali di partenza sono confusi, il modello costruirà una risposta sbagliata con grandissima sicurezza. In altre parole: il RAG migliora la qualità, ma non sostituisce il progetto informativo.

Il punto vero: il RAG non rende il modello "più intelligente"; gli permette di usare documenti esterni pertinenti al momento giusto, riducendo errori e aggiornando il contesto.

Per capirlo meglio. Il RAG, retrieval-augmented generation, è un modo per far lavorare il modello insieme a una base documentale esterna. Invece di affidarsi solo a ciò che è stato appreso in training, il sistema recupera documenti rilevanti e li porta nel contesto prima di generare la risposta. È una differenza enorme. Significa che il modello può rispondere su contenuti aggiornati, specifici o proprietari senza dover "sapere tutto" in anticipo. In azienda, per esempio, questo cambia molto: manuali, procedure, contratti, FAQ interne, knowledge base e documentazione tecnica possono diventare parte del contesto operativo del sistema.

L'errore da evitare. Chiamarlo memoria, però, è fuorviante. La memoria umana e la memoria di un prodotto AI non coincidono, e il RAG non trasforma magicamente il modello in un soggetto che "ricorda". Piuttosto costruisce una protesi documentale, con tutti i vantaggi e tutti i problemi del caso: qualità dell'indicizzazione, rilevanza del recupero, aggiornamento dei contenuti, conflitti tra fonti, rumore documentale, limiti di contesto. Se il retrieval pesca materiale mediocre, anche la generazione sarà mediocre. In altre parole: il RAG non elimina l'errore, ma sposta una parte decisiva della qualità dalla sola generazione alla qualità della conoscenza collegata.

Una verifica pratica. Se usi un assistente aziendale collegato ai documenti interni, verifica due cose: quali fonti ha recuperato e se ha davvero citato o sintetizzato quei passaggi. È qui che si vede la qualità del sistema. Un buon RAG non è solo quello che "risponde bene", ma quello che rende visibile da dove proviene la sostanza della risposta.

Una domanda da portarti via. Se colleghi un modello ai tuoi documenti, stai davvero costruendo conoscenza accessibile o stai soltanto aggiungendo un'interfaccia seducente sopra un archivio ancora confuso? La qualità del RAG dipende dalla qualità della base.

10. Tutti i robot sono AI, e tutte le AI diventeranno robot?

Nell'immaginario collettivo l'AI ha spesso la forma di un robot. È una scorciatoia visiva potentissima: se devo rappresentare una tecnologia complessa, metto un androide e tutti capiscono di cosa stiamo parlando. Il problema è che questa immagine confonde due cose diverse. Un robot è una macchina fisica che agisce nel mondo. L'AI è un insieme di capacità software che possono o meno abitare un corpo.

Esistono robot senza AI avanzata: bracci industriali che ripetono movimenti, macchine automatiche che seguono procedure rigide, dispositivi che fanno poche cose molto bene senza alcuna forma sofisticata di apprendimento. Ed esistono AI senza corpo: assistenti vocali, sistemi di raccomandazione, motori antifrode, modelli generativi, software di traduzione, agenti che operano in ambienti digitali. Le due cose possono incontrarsi, ma non si implicano a vicenda.

Nel 2026 si parla molto di embodied AI, cioè di sistemi intelligenti incorporati in corpi fisici, dispositivi, sensori, veicoli, macchine operative. È una frontiera importante, perché il mondo fisico obbliga i modelli a confrontarsi con spazio, tempo, errore, manipolazione di oggetti, sicurezza e causalità. Ma anche se questa tendenza crescerà, una parte enorme del valore dell'AI resterà invisibile: software che leggono, classificano, orchestrano, prevedono, rispondono, generano e automatizzano senza alcuna forma robotica.

Confondere robotica e AI produce due effetti distorsivi. Da un lato ci fa pensare che l'AI arrivi solo quando vediamo una macchina muoversi. Dall'altro ci porta a sottovalutare l'AI già presente nei sistemi digitali che usiamo ogni giorno. In realtà la forma più pervasiva dell'AI oggi non è meccanica. È infrastrutturale.

Il punto vero: robotica e AI possono lavorare insieme, ma non sono la stessa cosa: un robot è un corpo che agisce, l'AI è un sistema che percepisce, decide o genera.

Per capirlo meglio. Robotica e AI si incrociano, ma non coincidono. Un robot è un corpo artificiale che agisce nel mondo fisico attraverso sensori, attuatori e controllo. L'AI è un insieme di metodi che può essere usato dentro o fuori da un robot. Puoi avere robot quasi senza AI avanzata, che seguono routine industriali molto precise, e puoi avere AI potentissime senza alcun corpo, come i modelli che vivono nel cloud e lavorano solo su testo, immagini o dati. Quando le due cose si combinano, però, il salto percettivo è enorme:

l'intelligenza smette di apparire come sola interfaccia linguistica e diventa comportamento incarnato, con tutti i problemi di sicurezza, tempi di risposta, percezione e responsabilità che questo comporta.

L'errore da evitare. La cultura pop ci ha abituati a immaginare il futuro dell'AI sotto forma di umanoidi. Ma la traiettoria più concreta non è necessariamente quella. Molta AI resterà invisibile, distribuita in software, piattaforme, workflow e infrastrutture. E molta robotica utile non avrà affatto l'aspetto di una persona. Il vero punto, quindi, non è chiedersi se tutte le AI diventeranno robot, ma capire in quali contesti l'incarnazione fisica serve davvero. Dove c'è interazione con l'ambiente, manipolazione di oggetti, assistenza fisica o autonomia mobile, il corpo conta. Altrove, il valore può restare interamente nel software.

Una verifica pratica. Ogni volta che senti evocare il robot umanoide come destino inevitabile dell'AI, prova a elencare quanta intelligenza artificiale usi già ogni giorno senza alcun corpo. Il semplice elenco — motori di ricerca, filtri, recommendation, traduzione, assistenti, antifrode, automazioni — ridimensiona subito l'idea che il futuro dell'AI debba per forza avere una faccia e due braccia.

Una domanda da portarti via. Quando immagini il futuro dell'AI, quanto del tuo immaginario è ancora colonizzato dalla fantascienza del robot umanoide? Riconoscerlo aiuta a vedere meglio l'AI invisibile che già struttura il presente.

Parte II. Lavoro, competenze, organizzazioni

Il dibattito sul lavoro e l'AI è spesso schiacciato su una domanda troppo semplice: ci sostituirà oppure no? È una domanda legittima, ma insufficiente. La trasformazione reale avviene quasi sempre a un livello più granulare: cambiano i compiti, la velocità, il livello di autonomia richiesto, il valore delle competenze, la struttura dei team, l'apprendistato, le aspettative di produttività e il modo in cui un'organizzazione decide.

Per questo, in questa parte, non parliamo solo di "posti di lavoro", ma di mestieri, ruoli, formazione, delega e cultura organizzativa. L'AI non entra nelle aziende come una semplice nuova funzione software: se è adottata seriamente, costringe a ripensare processi, responsabilità, metriche e confini tra ciò che può essere automatizzato e ciò che deve restare umano.

Capire il rapporto tra AI e lavoro oggi significa quindi capire non soltanto quali attività possono essere svolte da una macchina, ma anche quali diventano più importanti proprio perché le macchine esistono.

Se la prima parte aiuta a smontare l'incantesimo tecnico, questa aiuta a smontare due incantesimi opposti sul lavoro. Il primo è quello apocalittico: l'AI come sostituzione generalizzata e rapida di intere professioni. Il secondo è quello tranquillizzante: l'idea che in fondo cambierà poco, perché le persone resteranno comunque necessarie. La verità, come spesso accade, è più scomoda. Le persone resteranno necessarie, ma i modi in cui entreranno nel ciclo del valore cambieranno parecchio. Cambieranno le soglie di ingresso, i ruoli junior, le aspettative di produttività, il rapporto tra generalisti e specialisti, tra esecuzione e giudizio, tra sapere fare e saper orchestrare.

Leggere bene questa trasformazione richiede di spostare lo sguardo dal mestiere al sistema di attività che lo compone. È lì che si capisce dove l'AI comprime, dove amplifica, dove alza l'asticella e dove rischia di svuotare l'apprendimento. Le organizzazioni che non faranno questo lavoro rischiano di oscillare tra euforia inefficiente e paura sterile. Quelle che lo faranno bene potranno invece usare l'AI per liberare capacità umane, non semplicemente per ridurre costo di produzione nel brevissimo periodo.

11. L'AI ci toglierà il lavoro o ci cambierà il lavoro?

La domanda giusta non è se l'AI "ci ruberà tutti i lavori", ma come cambierà la composizione del lavoro. I lavori, nella realtà, non sono blocchi indivisibili: sono insiemi di attività. Alcune attività sono ripetitive, documentali, standardizzabili e facilmente delegabili a sistemi AI. Altre richiedono relazione, giudizio, contesto, negoziazione, responsabilità, intervento fisico, fiducia o gestione dell'imprevisto. Quando arriva l'AI, raramente sparisce un intero mestiere da un giorno all'altro. Più spesso si spacchettano i compiti e si ridisegna il ruolo.

Questo non significa che possiamo dormire tranquilli. Alcune funzioni verranno compresse, alcuni ruoli perderanno volume, alcuni livelli di intermediazione si assottiglieranno davvero. Ma la dinamica prevalente sarà la trasformazione, non l'annientamento totale. L'effetto più concreto nel breve periodo è che molte persone faranno una parte del loro lavoro con l'AI accanto, mentre altre si troveranno a dover giustificare il proprio valore in modo diverso da prima.

Il problema vero, quindi, non è solo occupazionale. È organizzativo e culturale. Se un'azienda usa l'AI per accelerare le attività ma non ridisegna processi, governance e competenze, rischia di ottenere solo un aumento del volume e della confusione. Se invece la usa per liberare tempo, migliorare qualità, ridurre colli di bottiglia e riallocare energia sulle attività ad alto valore, la trasformazione può essere positiva.

C'è poi un punto spesso ignorato: il lavoro non cambia solo perché una macchina sa fare una cosa. Cambia quando un'impresa, un mercato o una filiera decide di riorganizzarsi sulla base di quella possibilità. L'impatto dell'AI dipenderà quindi tanto dalle scelte manageriali quanto dalle capacità tecniche dei modelli.

Il punto vero: l'AI non sostituisce "i lavori" in astratto; sostituisce, accelera o trasforma pezzi di lavoro, e da quella ricombinazione nascono nuovi equilibri.

Per capirlo meglio. La domanda sul lavoro è spesso posta male perché immagina un confronto frontale: o vince l'uomo o vince la macchina. In realtà, nella maggior parte dei casi, il cambiamento avviene a livello di task, non di professioni intere. Un ruolo è fatto di attività diverse: alcune ripetitive, altre relazionali, altre decisionali, altre creative, altre di coordinamento. L'AI entra prima dove il lavoro è già scomponibile, documentabile, standardizzabile, linguistico o digitale. Questo significa che in molti mestieri non vedremo una cancellazione improvvisa, ma una ricomposizione: alcune parti spariscono, altre accelerano, altre diventano più importanti proprio perché la macchina non le sa presidiare bene.

L'errore da evitare. Sottovalutare il cambiamento perché "tanto non sostituisce l'intero lavoro" è quasi pericoloso quanto sovrastimarlo. Se anche una tecnologia automatizza solo il 20 o il 30 per cento delle attività di un ruolo, cambia già costi, tempi, struttura dei team, soglia di ingresso, livelli di controllo e aspettative di produttività. Non serve che sparisca un mestiere per trasformare profondamente il mercato. Il punto, quindi, non è chiedersi se il lavoro umano resterà. Resterà. Il punto è capire quale parte del valore sarà ancora prodotta da competenze umane distintive e quale parte verrà compressa o redistribuita dall'automazione.

Una verifica pratica. Se vuoi capire quanto un ruolo è esposto al cambiamento, non guardare solo il job title. Scomponi il lavoro in attività. Quelle più ripetitive, documentali, previsionali o di primo draft sono le prime candidate all'automazione o all'assistenza. Questo esercizio è molto più utile di qualsiasi profezia generica sul "lavoro che sparirà".

Una domanda da portarti via. Nel tuo settore, quali attività del lavoro sono davvero trasformabili e quali invece restano fortemente umane perché implicano contesto, relazione e responsabilità? La risposta vale più di qualunque slogan occupazionale.

12. Quali professioni verranno trasformate prima?

Le professioni più esposte alla trasformazione sono quelle in cui una parte rilevante del valore passa per il trattamento di informazioni digitali: leggere, scrivere, cercare, confrontare, sintetizzare, classificare, redigere, documentare, supportare decisioni, produrre varianti. Per questo marketing, customer care, amministrazione, operation documentali, supporto legale, analisi base, project coordination, recruiting, coding, consulenza standard e molte funzioni di back office sono già nel pieno della transizione.

Non bisogna però semplificare troppo. Dire che un settore è esposto non significa dire che tutte le persone che vi lavorano saranno sostituite. Significa che cambierà la struttura del mestiere. Un commercialista non sparisce, ma cambia il peso relativo tra raccolta dati, verifica, interpretazione e relazione. Un copywriter non scompare, ma deve spostarsi da produzione seriale a direzione creativa, qualità, coerenza, strategia. Un avvocato non viene rimpiazzato da un chatbot, ma una parte del lavoro documentale e di ricerca può essere accelerata enormemente.

Al contrario, i lavori che combinano forte presenza fisica, responsabilità situazionale, destrezza, relazione umana complessa e contesto operativo reale tendono a trasformarsi più lentamente. Non perché siano "al sicuro", ma perché l'automazione completa è più difficile, costosa o rischiosa. Ciò non toglie che anche questi lavori possano essere affiancati da sistemi di supporto, pianificazione, monitoraggio o diagnosi.

Il punto interessante è che l'AI non premia solo i mestieri digitali. Premia anche chi sa usare bene il digitale dentro un mestiere concreto. Il professionista che integra modelli, strumenti e verifica nel proprio lavoro non diventa meno umano: spesso diventa più scalabile.

Il punto vero: le professioni più trasformate per prime sono quelle fondate su testo, conoscenza e processi digitali, ma quasi nessun mestiere resterà davvero immobile.

Per capirlo meglio. Le professioni che vengono trasformate prima non sono necessariamente quelle meno qualificate, ma quelle in cui una quota importante del lavoro passa da contenuti, documenti, immagini, codice, procedure o interazioni linguistiche standardizzabili. Marketing operativo, customer care, produzione di contenuti, traduzione, analisi documentale, supporto legale di primo livello, attività amministrative, operation, sviluppo software in alcune fasi, formazione, selezione e knowledge work intermedio sono tutti terreni ad alta esposizione. Non perché spariscano domani, ma perché il rapporto tra lavoro manuale cognitivo e lavoro assistito dalla macchina sta cambiando rapidamente.

L'errore da evitare. Pensare in modo gerarchico, come se l'AI colpisse prima "i lavori bassi" e solo dopo quelli alti, non aiuta. Spesso l'AI entra prima proprio nei lavori bianchi, digitali, cognitivi e documentali, cioè in attività che per anni abbiamo considerato relativamente protette perché non fisiche. Al contrario, molte professioni che integrano corpo, relazione situata, contesto materiale e responsabilità sul campo restano più resistenti. Questo non significa che siano immuni, ma che il ritmo della trasformazione dipende dal mix di linguaggio, standardizzazione, dati e responsabilità che compone il lavoro.

Una verifica pratica. In azienda, prova a mappare i ruoli non per seniority ma per intensità di linguaggio, documentazione, immagini, dati e standardizzazione. Scoprirai spesso che la trasformazione tocca prima i knowledge worker digitali di quanto non tocchi molti ruoli operativi sul campo. È un buon antidoto contro le semplificazioni sociologiche sul lavoro "alto" e "basso".

Una domanda da portarti via. Le professioni che osservi stanno cambiando per intero o si stanno spezzando in parti ad alto e basso valore? Capire questa ricomposizione è più utile che difendere etichette professionali ormai troppo larghe.

13. Perché i ruoli junior sono quelli più esposti?

Uno dei paradossi più importanti del 2026 è che l'AI mette sotto pressione soprattutto i ruoli junior. Non perché i giovani valgano meno, ma perché molte attività di ingresso nel lavoro sono proprio quelle più facili da automatizzare: prime bozze, desk research, ricerche comparabili, riassunti, verbali, data entry, analisi preliminari, presentazioni standard, coding di base, supporto operativo ripetitivo. Sono compiti utilissimi per imparare, ma sono anche i primi che un sistema generativo sa fare "abbastanza bene".

Qui nasce un problema serio di apprendimento organizzativo. Se automatizziamo le attività su cui i junior costruivano esperienza, come formeremo i professionisti di domani? Se il percorso d'ingresso si svuota, rischiamo di indebolire il vivaio. Il sistema regge per un po', poi si accorge di non avere più persone che abbiano attraversato il mestiere abbastanza a fondo da esercitare giudizio.

Questo significa che le aziende devono cambiare il modo in cui fanno crescere i talenti. Non basta più assegnare ai junior il lavoro più ripetitivo "perché si è sempre fatto così". Bisogna progettare percorsi in cui l'AI assorbe una parte dell'esecuzione, ma il junior viene esposto prima al senso del lavoro: revisione, verifica, contestualizzazione, interazione con clienti o stakeholder, interpretazione delle eccezioni, lettura delle conseguenze.

In pratica il junior non può essere soltanto il terminale umano del lavoro noioso. Deve diventare più rapidamente un orchestratore consapevole di strumenti, qualità e risultato. È una sfida, ma può anche essere un'accelerazione di crescita, se governata bene.

Il punto vero: i ruoli junior sono più esposti perché molti compiti di ingresso sono standardizzabili, ma il rischio vero è perdere l'apprendistato, non soltanto qualche attività.

Per capirlo meglio. I ruoli junior sono esposti per una ragione strutturale: storicamente le organizzazioni usano i livelli iniziali per assorbire compiti ripetitivi, operativi, documentali, di primo draft, ricerca di base, formattazione, produzione di varianti, test, supporto e presidio di routine. Sono esattamente le aree in cui l'AI performa abbastanza bene da comprimere tempi e costi. Se una parte di queste attività viene automatizzata, rischia di ridursi lo spazio con cui i giovani professionisti imparavano facendo. Il problema, quindi, non è solo occupazionale. È formativo. Se togli il lavoro semplice senza ripensare il percorso di crescita, impoverisci la pipeline con cui si costruiscono i senior di domani.

L'errore da evitare. Sarebbe però sbagliato concludere che i junior siano destinati a perdere. Potrebbero anche essere quelli che traggono più vantaggio, se il sistema viene ridisegnato bene. Un giovane che usa l'AI come moltiplicatore può produrre più rapidamente, esplorare più opzioni, capire standard qualitativi, ricevere supporto contestuale e accedere prima a compiti più interessanti. Ma questo accade solo se l'organizzazione investe in mentoring, criteri di qualità e apprendimento reale. Senza questa cornice, l'AI rischia di trasformare il junior in un operatore che consegna output prodotti altrove, senza costruire davvero mestiere.

Una verifica pratica. Se introduci AI in team con molti junior, osserva una cosa semplice: stanno imparando di più o stanno solo consegnando più velocemente? Se aumenta solo la velocità, nel medio periodo potresti indebolire la crescita professionale. La domanda giusta non è quante ore hai risparmiato oggi, ma quale mestiere stai costruendo domani.

Una domanda da portarti via. Se l'AI riduce lo spazio dei compiti junior, come stai ripensando il percorso con cui si impara davvero un mestiere? Senza questa risposta, l'efficienza di oggi può diventare fragilità di domani.

14. Quali competenze aumentano di valore nell'era dell'AI?

Quando l'AI rende più economica la produzione di contenuti, analisi e bozze, il valore non si sposta automaticamente verso "ciò che è più umano" in astratto. Si sposta verso ciò che è più difficile da standardizzare. Questo include il giudizio, la capacità di formulare il problema giusto, la comprensione del contesto, la responsabilità della decisione, la relazione, la capacità di scegliere tra alternative plausibili, la lettura delle conseguenze e il senso della priorità.

In pratica diventano più preziose le competenze che danno direzione, non solo esecuzione. Sapere chiedere bene conta più di chiedere tanto. Sapere verificare conta più di accettare velocemente un output fluido. Sapere leggere le implicazioni organizzative, legali, reputazionali o umane di una scelta conta più del semplice fatto di produrla in fretta. Anche il gusto, in senso professionale, acquista peso: capire cosa è buono, cosa è coerente, cosa regge e cosa no.

Cresce poi il valore della competenza verticale. Paradossalmente, nell'epoca degli strumenti generalisti torna a contare molto la profondità di dominio. Più l'AI è brava a fare cose generiche, più la differenza la fa chi conosce davvero un settore, un cliente, una filiera, una normativa, una dinamica umana specifica. Il generalismo puro rischia di essere compresso; il generalismo supportato da forte capacità di sintesi e da un dominio reale, invece, resta potentissimo.

Infine aumentano di valore la capacità di lavorare con sistemi intelligenti, di progettarne l'uso, di stabilire controlli, di interpretarne gli errori e di far convivere velocità e affidabilità. Non è una competenza unica. È una nuova alfabetizzazione professionale.

Il punto vero: nell'era dell'AI vale di più chi sa dare direzione, contesto, criterio e responsabilità al lavoro, non solo chi sa produrre velocemente un output.

Per capirlo meglio. Quando una tecnologia automatizza una parte del lavoro, aumentano di valore le competenze che tengono insieme il sistema. Nel caso dell'AI questo significa diverse cose: capacità di definire bene il problema, senso critico sugli output, lettura del contesto, scrittura chiara, giudizio, conoscenza di dominio, sensibilità etica, capacità di orchestrare processi, decisione sotto incertezza, relazione, negoziazione, responsabilità. In altre parole, non vince chi sa solo usare il tool. Viene premiato chi sa inserirlo in un flusso di lavoro sensato e sa capire quando fidarsi, quando correggere, quando fermarsi e quando cambiare strada.

L'errore da evitare. Nei momenti di hype si tende a cercare una skill salvifica: ieri era il coding, poi il prompt engineering, domani sarà qualche nuova etichetta. In realtà il mercato premia sempre meno la singola abilità isolata e sempre più la combinazione tra competenze tecniche, capacità di lettura del business e qualità del giudizio. L'AI rende meno prezioso il puro esecutore e più prezioso il professionista che sa trasformare la produzione automatica in decisione, risultato e responsabilità. È una cattiva notizia per chi ha costruito il proprio ruolo solo sull'esecuzione; è una buona notizia per chi sa tenere insieme metodo, visione e qualità.

Una verifica pratica. Ogni volta che un'attività viene automatizzata, chiediti quali competenze restano indispensabili per garantire qualità, responsabilità e direzione. Quasi sempre emergono giudizio, contesto, selezione, capacità di problem setting e relazione. È un modo concreto per capire dove investire formazione invece di inseguire la skill moda del momento.

Una domanda da portarti via. Le competenze che stai valorizzando nella tua organizzazione sono quelle che l'AI replica bene o quelle che diventano più importanti proprio perché l'AI non le presidia fino in fondo?

15. Tutti dovranno saper programmare?

No, non tutti dovranno saper programmare. Ma sempre più persone dovranno capire la logica dei sistemi con cui lavorano. È una differenza importante. Saper programmare resta una competenza preziosa, e in molti ruoli diventerà ancora più strategica perché permetterà di costruire automazioni, agenti, integrazioni e strumenti su misura. Però non è realistico, né necessario, immaginare un mondo in cui ogni professionista scriva codice in modo avanzato.

Quello che invece diventa sempre più utile è il pensiero computazionale: saper scomporre un problema, definire input e output, riconoscere condizioni, eccezioni, vincoli, dipendenze e passaggi ripetibili. In altre parole, ragionare in modo strutturato. Chi possiede questa capacità collabora meglio con sviluppatori, usa meglio i tool AI, formula richieste migliori e capisce più rapidamente dove un'automazione ha senso e dove no.

In molti contesti emergerà una fascia intermedia: persone che non sono sviluppatori di professione ma sanno muoversi tra low-code, no-code, prompt strutturati, workflow automation, script minimi, data manipulation e integrazione di servizi. Non scriveranno grandi sistemi da zero, ma sapranno far dialogare strumenti, configurare processi e costruire valore operativo.

Quindi la vera risposta è questa: non serve che tutti diventino programmatori, ma sarà sempre meno sostenibile restare completamente analfabeti rispetto alla logica del software. Nel 2026 non capire niente di come un sistema viene istruito, automatizzato o collegato ad altri sistemi significa rinunciare a una parte crescente della propria autonomia professionale.

Il punto vero: il futuro non richiede che tutti scrivano codice, ma richiede a molti di ragionare in modo più strutturato e di capire meglio come i sistemi digitali trasformano il lavoro.

Per capirlo meglio. Non tutti dovranno saper programmare, così come non tutti, per usare un'auto, devono saper progettare un motore. Ma molte più persone dovranno capire la logica dei sistemi con cui lavorano. Significa sapere come si scompone un problema, come si struttura un processo, come si definiscono input e output, come si controlla un flusso, come si interpretano errori e limiti. Questa è una forma di pensiero computazionale allargato, che diventa utile anche a chi fa marketing, HR, amministrazione, vendite, didattica o consulenza. Il codice, in molti casi, potrà essere mediato dall'AI. La comprensione di ciò che stai chiedendo al sistema, invece, non può essere delegata del tutto.

L'errore da evitare. La contrapposizione "o tutti programmatori o nessun programmatore" è sterile. Il punto non è produrre masse di sviluppatori improvvisati, ma alzare il livello medio di alfabetizzazione tecnica. Sapere leggere un'automazione, capire quando un workflow è fragile, intuire che cosa serve per integrare bene dati e strumenti, ragionare per processi e verificare risultati: tutto questo conta sempre di più anche fuori dai team IT. Chi non codera mai davvero può comunque diventare un ottimo utilizzatore consapevole di sistemi AI. Chi coderà dovrà però farlo dentro architetture, responsabilità e processi sempre più ampi.

Una verifica pratica. Non serve trasformare ogni professionista in sviluppatore. Ma serve che molte persone sappiano leggere un processo abbastanza bene da capire dove l'AI può entrare e dove no. Una buona domanda di partenza è: so descrivere questo flusso abbastanza chiaramente da poterlo delegare in parte a una macchina senza perdere controllo?

Una domanda da portarti via. Se anche non programmerai mai in senso pieno, sai leggere un processo abbastanza bene da usarvi l'AI senza perdere controllo? È una domanda più concreta di quanto sembri per quasi ogni professione.

16. Che cosa significa essere AI literate nel 2026?

Essere AI literate nel 2026 non significa saper addestrare un modello o lavorare in un laboratorio di ricerca. Significa possedere una competenza di base sufficiente per usare, valutare e governare sistemi AI in modo responsabile. Vuol dire sapere, per esempio, che cosa un modello può fare bene, dove tende a sbagliare, come si verificano gli output, quali dati è opportuno non inserire, quando serve trasparenza verso utenti o clienti, quali sono i rischi di bias, confidenzialità, dipendenza e delega eccessiva.

È una forma di alfabetizzazione pratica, non ornamentale. Un po' come saper usare correttamente internet o leggere un bilancio in modo essenziale: non serve essere specialisti per tutti, ma serve una soglia minima di competenza diffusa. Nel contesto europeo questa soglia è diventata ancora più importante perché l'AI literacy non è più solo un consiglio sensato. È già una responsabilità concreta che organizzazioni e datori di lavoro devono prendere sul serio se vogliono usare l'AI in modo credibile.

Essere AI literate significa anche non farsi ingannare dalla superficie. Un'interfaccia gentile non rende il sistema affidabile. Una risposta fluida non equivale a una risposta corretta. Un tool molto comodo non è automaticamente compatibile con privacy, sicurezza o proprietà intellettuale. L'alfabetizzazione serve proprio a vedere queste differenze.

Infine c'è una dimensione culturale: essere AI literate vuol dire imparare a convivere con sistemi che producono testi, immagini, sintesi e suggerimenti in modo estremamente rapido senza per questo smettere di esercitare giudizio. È, in fondo, una nuova forma di maturità digitale.

Il punto vero: AI literacy significa saper usare e valutare l'AI con consapevolezza, non da tecnici ma nemmeno da utenti passivi o creduloni.

Per capirlo meglio. Essere AI literate nel 2026 non significa conoscere tutte le architetture di frontiera né saper usare ogni tool uscito la settimana scorsa. Significa avere un livello sufficiente di comprensione per usare, valutare e governare l'AI in modo consapevole. In pratica vuol dire almeno quattro cose: capire a grandi linee come funzionano i modelli; saper riconoscere rischi e limiti; conoscere le implicazioni su dati, privacy, proprietà intellettuale, bias e trasparenza; saper inserire l'AI in attività reali senza delegare ciecamente. È una literacy operativa, non da convegno. Serve a professionisti, manager, docenti, studenti e organizzazioni intere.

L'errore da evitare. Molti scambiano l'AI literacy con la capacità di fare belle demo. Saper ottenere un testo brillante da un chatbot o automatizzare un task semplice è utile, ma non basta. Una vera alfabetizzazione include anche la capacità di fare domande scomode: da dove arrivano i dati? chi risponde dell'errore? dove finiscono le informazioni che inserisco? il sistema è adatto a questo uso? quando serve controllo umano? Se manca questa parte critica, l'adozione resta superficiale e potenzialmente pericolosa. È come saper guidare un'auto solo in rettilineo e poi credere di essere pronti per qualsiasi strada.

Una verifica pratica. Un'organizzazione AI literate dovrebbe riuscire a rispondere con chiarezza ad almeno queste domande: che tool usiamo, su quali dati, per quali scopi, con quali limiti, con quali controlli e con quale formazione? Se queste risposte non esistono, la literacy probabilmente è più dichiarata che reale.

Una domanda da portarti via. Nel tuo contesto, AI literacy significa curiosità tecnologica o capacità reale di usare, governare e contestare gli strumenti? Solo la seconda cambia davvero il modo in cui un'organizzazione lavora.

17. L'AI aumenta davvero la produttività o aumenta solo il volume del lavoro?

L'AI può aumentare la produttività, ma non sempre nel modo in cui ce lo raccontiamo. In molti casi accelera attività reali: scrittura di prime bozze, sintesi di documenti, ricerca preliminare, coding assistito, classificazione, revisione, generazione di alternative, supporto alla documentazione. Il punto, però, è che la velocità di esecuzione non coincide automaticamente con un aumento del valore prodotto.

Esiste infatti un effetto collaterale sempre più visibile: quando diventa più facile produrre, aumenta anche il volume atteso di output. Se scrivere una bozza richiede un quarto del tempo, spesso non si usa quel tempo per riflettere meglio, ma per produrre quattro bozze in più. Il rischio è che la produttività apparente cresca mentre cresce anche il rumore: più documenti, più slide, più contenuti, più email, più analisi che qualcuno dovrà comunque leggere, verificare, approvare o correggere.

Per ottenere vero guadagno di produttività bisogna intervenire sul processo, non solo aggiungere un assistente AI sopra il processo esistente. Questo significa ridurre passaggi inutili, chiarire ownership, ripensare quality assurance, cambiare metriche, rimuovere colli di bottiglia organizzativi e progettare dove serve velocità e dove serve profondità. Senza questa revisione, l'AI rischia di comprimere i tempi ma allargare l'ingombro.

La domanda, quindi, non è "quanto testo in più produciamo?", ma "quale parte del lavoro è diventata più utile, più affidabile o più scalabile?". La produttività vera non è solo accelerazione. È migliore relazione tra sforzo, qualità e risultato.

Il punto vero: l'AI aumenta la produttività solo quando cambia anche il processo; altrimenti spesso aumenta soprattutto il volume del lavoro.

Per capirlo meglio. L'AI può aumentare la produttività, ma non sempre la trasforma in valore netto. Ridurre il tempo di produzione di un contenuto, di un'analisi o di una bozza non basta, se poi aumentano i volumi da controllare, il rumore, le revisioni, le duplicazioni, le decisioni rimandate e la quantità di materiale mediocre che circola. Molte organizzazioni sperimentano proprio questo paradosso: produrre di più diventa facilissimo, ma selezionare, validare e coordinare meglio non cresce alla stessa velocità. Il rischio è confondere la velocità di output con un miglioramento reale delle performance.

L'errore da evitare. Il management spesso misura subito la parte più visibile, cioè il tempo risparmiato sulla singola attività, e trascura i costi nascosti: formazione, supervisione, rifacimenti, compliance, errori reputazionali, integrazione dei dati, sicurezza, governance. Al contrario, chi rifiuta l'AI in blocco vede solo i costi e non coglie i casi in cui la tecnologia libera davvero capacità umana per attività a maggior valore. La domanda giusta non è "siamo più veloci?", ma "stiamo ottenendo risultati migliori con meno frizione complessiva?". Finché non si misura questo, la parola produttività resta spesso una scorciatoia narrativa.

Una verifica pratica. Misura almeno due cose insieme: tempo risparmiato e qualità finale. Se la prima migliora ma la seconda peggiora o richiede troppo controllo manuale, non stai necessariamente guadagnando produttività. Stai forse solo spostando il lavoro in un'altra parte della catena, spesso meno visibile ma non meno costosa.

Una domanda da portarti via. Quello che chiami aumento di produttività sta generando più valore o più rumore? Senza questa distinzione, il vantaggio dell'AI può trasformarsi in semplice moltiplicazione di output.

18. Un'azienda può diventare davvero AI-native?

Un'azienda non diventa AI-native perché compra qualche licenza, apre un canale interno con un chatbot o inserisce "AI" nelle presentazioni. Diventa AI-native quando inizia a progettare i propri processi assumendo che i sistemi intelligenti siano uno strato operativo stabile e non un'aggiunta episodica. Questo implica ripensare come si raccolgono i dati, come si disegnano i flussi, chi prende le decisioni, dove si inseriscono controlli, come si misurano qualità e rischio, come si formano le persone.

In pratica un'azienda AI-native è un'organizzazione che non si limita a usare strumenti intelligenti, ma sa scegliere dove hanno davvero senso. Non tutto va automatizzato. Non tutto deve passare da un agente. Il vantaggio non nasce dalla quantità di AI impiegata, ma dalla chiarezza con cui si decide dove usarla per creare valore, ridurre frizioni, migliorare servizio, aumentare resilienza o liberare risorse.

Serve poi un equilibrio tra centralizzazione e diffusione. Se l'AI resta confinata in un laboratorio o in un team innovazione, non trasforma il business. Se invece viene diffusa senza governance, genera caos, shadow AI, rischi di sicurezza e incoerenza. L'azienda AI-native non è anarchica e non è rigida: costruisce piattaforme, principi, controlli e casi d'uso che permettono adozione distribuita con responsabilità chiare.

Infine, essere AI-native vuol dire riconoscere che il cambiamento non è solo tecnologico ma manageriale. Cambiano il ruolo dei leader, il modo di valutare le competenze, le gerarchie implicite del lavoro intellettuale e il confine tra esecuzione e supervisione.

Il punto vero: un'azienda AI-native non è quella che usa più tool, ma quella che riprogetta processi, responsabilità e competenze tenendo l'AI dentro l'architettura operativa.

Per capirlo meglio. Un'azienda AI-native non è semplicemente un'azienda che compra molti tool AI. È un'organizzazione che ripensa processi, ruoli, metriche, flussi decisionali e infrastruttura informativa tenendo conto del fatto che certe attività possono essere automatizzate, assistite o orchestrate in modo nuovo. La differenza sta nel design operativo. Un'azienda tradizionale aggiunge l'AI come accessorio. Un'azienda AI-native la integra nei meccanismi di produzione del valore: conoscenza accessibile, workflow ripensati, responsabilità chiare, dati governati, uso sistematico dell'assistenza intelligente nei punti in cui migliora davvero qualità, tempi o scalabilità.

L'errore da evitare. Molte imprese credono di essere "AI-first" perché hanno lanciato qualche copilot o aperto una sandbox sperimentale. Ma senza cultura, processi e priorità chiare, l'AI resta un layer cosmetico. Peggio ancora: genera shadow AI, frammentazione di strumenti, duplicazione di dati, rischi di sicurezza e illusioni di maturità. Essere AI-native non significa automatizzare tutto; significa scegliere dove l'automazione ha senso, dove il controllo umano deve restare forte e come ridisegnare il lavoro in modo coerente. È un tema organizzativo prima ancora che tecnologico.

Una verifica pratica. Per capire se un'azienda sta davvero diventando AI-native, guarda se sono cambiati i processi decisivi o solo gli strumenti individuali. Se ogni persona usa il proprio tool ma la conoscenza resta sparsa, le responsabilità confuse e i dati disordinati, sei davanti a un'adozione diffusa, non a una trasformazione organizzativa vera.

Una domanda da portarti via. La tua azienda sta adottando tool AI o sta ripensando il modo in cui la conoscenza circola, le decisioni si prendono e i processi vengono orchestrati? È lì che passa la differenza tra moda e trasformazione.

19. Fino a dove possiamo delegare decisioni agli agenti AI?

La delega all'AI non è una scelta binaria tra "controllo umano totale" e "autonomia completa". È uno spettro. Possiamo delegare la generazione di una bozza, la classificazione di ticket, il recupero di documenti, il confronto tra alternative, la prenotazione di un'attività, l'avvio di un workflow, la compilazione di campi, l'esecuzione di passaggi ripetitivi. Ma più ci avviciniamo a decisioni ambigue, irreversibili, ad alto impatto o ad alta responsabilità, più la delega deve essere progettata con cautela.

Nel 2026 il tema è reso più urgente dall'arrivo degli agenti, cioè sistemi capaci non solo di rispondere ma di compiere azioni in sequenza: leggere un obiettivo, pianificare, usare strumenti, recuperare informazioni, scrivere dati, inviare richieste, aggiornare stati. È un salto importante, perché l'errore non resta più confinato nella frase sbagliata: può produrre effetti operativi reali.

Per questo la domanda da porsi non è "può farlo?", ma "con quali vincoli, in quale contesto, con quali soglie di approvazione, con quale log, con quale possibilità di intervento umano e con quale costo dell'errore?". Un agente che prenota una sala o riordina materiali standard è una cosa. Un agente che decide prezzi, approva spese, nega prestazioni o interagisce con clienti vulnerabili è un'altra.

Delegare bene significa disegnare confini, escalation e sistemi di controllo. Non perché l'automazione sia da temere a prescindere, ma perché la responsabilità non sparisce quando il compito viene svolto da una macchina.

Il punto vero: all'AI possiamo delegare esecuzione ben delimitata; la responsabilità sulle decisioni ad alto impatto, invece, non può essere scaricata sul sistema.

Per capirlo meglio. Delegare a un agente AI non è la stessa cosa che usare un assistente che suggerisce. Un agente compie azioni, richiama strumenti, esegue passaggi, prende iniziative entro certi limiti. La questione, quindi, non è solo "quanto è bravo?", ma "su che cosa lo lasci agire da solo?". Preparare una bozza di report è diverso dal mandare un'email a un cliente, aggiornare un CRM, approvare un pagamento, modificare un database o prenotare uno spostamento. Più cresce l'effetto nel mondo reale, più la delega deve essere progettata con permessi, soglie, audit, reversibilità e supervisione.

L'errore da evitare. C'è una tentazione forte nel pensare che, se il sistema esegue bene nove volte su dieci, allora possiamo lasciarlo andare. Ma nei processi reali la decima volta spesso conta più delle altre nove, soprattutto quando tocca soldi, reputazione, persone, dati o obblighi regolatori. La maturità non sta nel bloccare sempre gli agenti, ma nel costruire gradini di autonomia: osservazione, suggerimento, co-esecuzione, esecuzione vincolata, esecuzione controllata. Senza questa architettura, la delega rischia di passare troppo in fretta da comodità a deresponsabilizzazione.

Una verifica pratica. Prima di dare autonomia a un agente AI, definisci cosa può fare, su quali strumenti, con quali soglie di conferma e come si annulla un errore. Se queste quattro cose non sono chiare, non stai progettando un agente: stai solo sperando che funzioni bene abbastanza. Ed è una speranza costosa quando il processo tocca il mondo reale.

Una domanda da portarti via. Qual è l'ultima decisione che saresti disposto a delegare davvero a un agente AI senza supervisione umana? La soglia che immagini dice molto più di cento principi astratti sull'autonomia.

20. Come deve cambiare la scuola se l'AI è sempre disponibile?

Se l'AI è sempre disponibile, la scuola non può continuare a comportarsi come se non esistesse. Il vecchio equilibrio, basato sul fatto che per scrivere, sintetizzare o rispondere servisse necessariamente un certo sforzo individuale, è saltato. Oggi uno studente può chiedere a un sistema di generare un testo, spiegare un concetto, proporre una scaletta, risolvere un esercizio, tradurre, riscrivere, simulare un colloquio. Far finta che tutto questo resti fuori dall'aula è poco realistico.

Il punto, però, non è rassegnarsi alla copia automatica. È ripensare che cosa valutiamo davvero. Se continuiamo a premiare solo il prodotto finale, l'AI renderà più difficile distinguere apprendimento reale e outsourcing cognitivo. Se invece iniziamo a valutare processo, oralità, fonti, riflessione, capacità di revisione, applicazione personale, confronto tra alternative e consapevolezza d'uso degli strumenti, la presenza dell'AI può perfino migliorare la qualità didattica.

Questo richiede anche un cambiamento da parte dei docenti e delle istituzioni. Serve una policy chiara sull'uso dichiarato dell'AI, serve insegnare a verificare, citare, usare l'assistente senza farsi usare, e serve reintrodurre valore nella discussione, nell'argomentazione e nella costruzione autonoma del pensiero. Le competenze di base non diventano inutili: diventano ancora più importanti, perché senza basi non si sa neppure riconoscere quando il sistema sta dicendo sciocchezze.

La vera domanda, quindi, non è se vietare o permettere. È come costruire una scuola che usi l'AI per aumentare comprensione e senso critico, non per svuotare il lavoro cognitivo.

Il punto vero: con l'AI sempre disponibile, la scuola deve spostarsi dalla sola verifica del prodotto alla valutazione del processo, del ragionamento e dell'uso consapevole degli strumenti.

Per capirlo meglio. Se l'AI è sempre disponibile, la scuola non può limitarsi a inseguire il problema del compito copiato. Deve ripensare cosa valuta e perché. Se uno studente può ottenere in pochi secondi una sintesi, una traduzione, un tema, un quiz o persino una soluzione plausibile a un problema, allora la didattica deve spostarsi verso comprensione, rielaborazione, oralità, verifica del processo, confronto, uso critico degli strumenti, capacità di argomentare e mostrare il percorso svolto. L'AI non elimina il bisogno di apprendere. Elimina l'illusione che basti misurare l'apprendimento con prodotti facilmente delegabili.

L'errore da evitare. Sarebbe sbagliato sia proibire tutto sia lasciare fare tutto. Il primo approccio spinge l'uso nell'ombra e alimenta ipocrisia. Il secondo normalizza la dipendenza da uno strumento che può scoraggiare sforzo cognitivo, attenzione e verifica autonoma. La scuola ha bisogno di policy chiare: quando l'uso è consentito, con quali dichiarazioni, per quali scopi, con quali limiti, con quale valore educativo. Soprattutto deve insegnare a usare l'AI come supporto e non come sostituto dell'apprendimento. Se non lo fa, formerà studenti abili nel produrre output, ma fragili nel costruire conoscenza propria.

Una verifica pratica. Nella scuola e nella formazione, la domanda da introdurre non è solo "hai usato l'AI?", ma "come l'hai usata, in quali passaggi e con quale contributo tuo?". Questo sposta la valutazione dalla proibizione sterile alla trasparenza del processo, che è il terreno più serio su cui si giocherà l'educazione aumentata dall'AI.

Una domanda da portarti via. In un contesto educativo, stai ancora valutando prodotti finali facilmente delegabili oppure stai osservando il processo, la comprensione e la capacità di rendere conto dell'uso degli strumenti?

Parte III. Società, media, persone

Quando l'AI entra nelle nostre conversazioni quotidiane, nelle piattaforme che usiamo, nelle immagini che vediamo e nei sistemi che ci suggeriscono cosa leggere, comprare o credere, non è più soltanto una tecnologia. Diventa una mediazione. Tra noi e il mondo. Tra noi e gli altri. Tra ciò che accade e il modo in cui lo interpretiamo.

È qui che l'AI smette di essere un tema per specialisti e diventa un fatto sociale. Influenza l'attenzione, la reputazione, la percezione della verità, il modo in cui si manipola il consenso, il modo in cui si costruisce fiducia o si produce dipendenza. Può amplificare il rumore, ma anche ridurre frizioni. Può aiutare, ma anche sostituire relazioni con simulazioni sufficientemente convincenti.

Questa parte prova a tenere insieme le due cose: il potenziale di supporto e il rischio di distorsione. Perché un mondo pieno di sistemi generativi, raccomandazioni e identità sintetiche richiede non solo nuovi strumenti, ma anche nuove abitudini mentali.

La terza parte sposta il focus dal "che cosa fa" al "che cosa produce" quando entra nei circuiti dell'attenzione, dell'identità, della persuasione e della fiducia. È qui che l'AI mostra forse il suo volto più sottile. Non serve infatti che diventi autonoma nel senso forte del termine per cambiare il comportamento collettivo. Basta che diventi una buona regista invisibile di ambienti informativi, relazioni sintetiche, contenuti plausibili e meccanismi di influenza. In questa zona l'errore più pericoloso è pensare che tutto si giochi su casi estremi. Spesso, invece, il cambiamento avanza per abitudini leggere, piccole deleghe e normalizzazioni progressive.

Queste domande riguardano la qualità della vita pubblica ma anche la qualità della nostra vita interiore. Quanto ci fidiamo di ciò che vediamo? Quanto siamo disposti a farci guidare da sistemi che ci parlano bene? Quanto una relazione sintetica può diventare significativa? Quanto siamo attrezzati a difenderci dalla persuasione invisibile? Sono questioni tecniche solo in parte. Nel resto toccano psicologia sociale, cultura dei media, educazione e nuove forme di vulnerabilità.

21. L'AI può influenzare le nostre scelte senza che ce ne accorgiamo?

Sì, l'AI può influenzare le nostre scelte senza che ce ne accorgiamo, ma non nel senso cinematografico del controllo mentale. L'influenza avviene in modo molto più ordinario e per questo più efficace: attraverso ranking, raccomandazioni, priorità, notifiche, personalizzazione dei contenuti, riordino dell'attenzione, suggerimenti contestuali e interfacce che riducono alcune possibilità e ne rendono altre più immediate.

Ogni volta che un sistema decide cosa mostrarti per primo, quale prodotto suggerirti, quale contenuto farti vedere dopo, quale risposta proporti come più probabile o quale strada considerare ottimale, sta contribuendo a modellare la tua scelta. Non la determina in modo assoluto, ma ne orienta la probabilità. È la logica della choice architecture: non ti obbligo, ma costruisco il percorso in modo che alcune opzioni sembrino più naturali, più facili o più convenienti di altre.

Con l'AI questa dinamica diventa più potente perché i sistemi possono personalizzare l'influenza su larga scala. Non ti mostrano solo "ciò che piace a tutti", ma ciò che ha più probabilità di funzionare su di te in quel momento, sulla base di segnali comportamentali, storico delle interazioni, contesto e obiettivi di business. Se il sistema è progettato per massimizzare attenzione, conversione o permanenza, la sua intelligenza sarà piegata in quella direzione.

Questo non significa che siamo senza difese. Significa però che la libertà di scelta oggi dipende anche dalla capacità di riconoscere dove il contesto è stato progettato per orientarci. In un ambiente mediato da AI, l'autonomia non è più solo una facoltà individuale. È anche una questione di design.

Il punto vero: l'AI non ha bisogno di controllarti per influenzarti; le basta organizzare il contesto delle tue scelte in modo personalizzato ed efficace.

Per capirlo meglio. L'influenza algoritmica non arriva quasi mai sotto forma di un ordine esplicito. Funziona attraverso selezione, priorità, personalizzazione, timing, ripetizione e cornici interpretative. Ti mostra alcune cose e non altre, ti propone certi percorsi, ti spinge verso scelte che sembrano spontanee ma avvengono dentro un ambiente progettato. Con l'AI questa capacità diventa più fine perché i sistemi possono adattare messaggi, ritmo e formato in base a pattern comportamentali, contesto e probabilità di risposta. Non serve immaginare un cervello hackerato. Basta capire che un ambiente informativo personalizzato può spostare preferenze, attenzione e decisioni in modo quasi invisibile.

L'errore da evitare. Pensare che l'influenza esista solo quando c'è manipolazione intenzionale e malvagia è rassicurante, ma sbagliato. Molta influenza nasce da logiche di ottimizzazione apparentemente neutre: massimizzare clic, permanenza, conversione, engagement, risposta. Se l'obiettivo è catturare attenzione, il sistema tenderà a privilegiare contenuti che funzionano meglio su di noi, non quelli più equilibrati o utili. La vera difesa non è credere di essere immuni, ma costruire maggiore consapevolezza su come vengono organizzati i nostri ambienti digitali e su quanto le scelte che facciamo siano già mediate da architetture invisibili.

Una verifica pratica. Se vuoi misurare quanto un ambiente digitale può influenzarti, osserva che cosa ti mostra più spesso, con quale ritmo e in quali momenti. L'influenza non passa solo dal contenuto, ma dalla sua architettura di esposizione. Fare attenzione a questa regia invisibile è già un primo passo per ridurre l'effetto di trascinamento.

Una domanda da portarti via. Quanto delle tue scelte digitali nasce da desideri espliciti e quanto da ambienti ottimizzati per orientarti senza che tu te ne accorga? L'influenza comincia spesso dove smettiamo di vederla.

22. Gli algoritmi ci conoscono meglio di quanto conosciamo noi stessi?

In alcuni contesti stretti, gli algoritmi possono prevedere i nostri comportamenti meglio di quanto facciamo noi stessi. Possono intuire che cliccheremo su un certo contenuto, che siamo inclini ad acquistare in una certa fascia oraria, che abbandoneremo un servizio, che reagiremo a un certo tono di messaggio, che una certa sequenza di stimoli avrà più probabilità di coinvolgerci. Questo perché osservano quantità di dati, ricorrenze e micro-segnali che la nostra introspezione non vede.

Ma da qui a dire che ci conoscano "meglio di noi" ce ne passa. Un algoritmo può essere molto bravo a predire un comportamento e al tempo stesso non capire nulla della persona nella sua complessità. Non sa cosa per noi abbia valore, non conosce la nostra storia nel senso vissuto, non coglie il peso simbolico di una decisione, non sa distinguere sempre tra desiderio, abitudine, paura, impulso o aspirazione. Conosce pattern, non identità.

Il rischio, però, è reale: quando sistemi molto efficienti nella predizione vengono trattati come se possedessero una verità profonda su di noi, iniziamo a delegare loro il racconto di chi siamo. È una forma sottile di riduzionismo. La persona viene schiacciata sulle tracce che lascia. E ciò che è misurabile tende a prendere il posto di ciò che è significativo.

Per questo l'algoritmo va considerato come uno specchio deformante ma potente: può restituire informazioni utili su comportamenti e propensioni, ma non è un interprete definitivo della nostra soggettività. Più è preciso, più dobbiamo ricordarci che resta parziale.

Il punto vero: gli algoritmi possono prevedere pezzi del nostro comportamento molto bene, ma prevedere non equivale a comprendere davvero una persona.

Per capirlo meglio. Gli algoritmi non ci conoscono "meglio" nel senso umano, ma possono conoscerci meglio in alcuni pattern misurabili. Possono intercettare regolarità nei nostri comportamenti che noi non vediamo: abitudini ricorrenti, sensibilità al prezzo, orari, fragilità decisionali, probabilità di abbandono, preferenze implicite, correlazioni tra azioni e stati. Questo tipo di conoscenza non è profondità interiore, però è operativamente potentissima. In molti contesti commerciali o sociali non serve capire davvero una persona per influenzarne il comportamento. Basta prevedere con una certa accuratezza che cosa farà dopo.

L'errore da evitare. Romanzare questa capacità come se gli algoritmi leggessero la nostra anima è un modo di cedere potere simbolico a sistemi che, in realtà, lavorano su tracce frammentarie e misurabili. Ma sarebbe ingenuo reagire dicendo che allora non sanno niente. Sanno abbastanza per ottimizzare messaggi, offerte, suggerimenti, interfacce e frizioni. E questo "abbastanza" può valere molto. La questione cruciale non è se un algoritmo ci comprenda nel senso filosofico del termine, ma quanta asimmetria informativa produce tra chi raccoglie e interpreta i dati e chi li genera vivendo la propria vita quotidiana.

Una verifica pratica. Un buon test consiste nel chiederti quante delle tue scelte digitali sono davvero esplicite e quante vengono inferite da piccoli comportamenti ricorrenti: pause, scroll, orari, acquisti, apertura email, tempo di permanenza. Capire che queste microtracce costruiscono profili probabilistici aiuta a vedere meglio la forza reale dell'asimmetria informativa.

Una domanda da portarti via. Ti spaventa di più l'idea che gli algoritmi ti conoscano troppo o il fatto che spesso basti una conoscenza parziale ma ben ottimizzata per orientare comportamenti reali?

23. Deepfake, voice cloning e identità sintetiche: di cosa dobbiamo aver paura davvero?

La minaccia più concreta dei deepfake e del voice cloning non è che un giorno non distingueremo più realtà e finzione in assoluto. È che diventerà molto più facile impersonare qualcuno, costruire prove apparentemente credibili, danneggiare una reputazione, estorcere denaro, manipolare una conversazione o creare confusione sufficiente a bloccare la fiducia. E per farlo non serviranno più infrastrutture da intelligence: spesso basteranno strumenti accessibili e poche tracce digitali.

Per anni abbiamo pensato ai deepfake come a un problema per celebrità e politici. Oggi il rischio è molto più distribuito. Un amministratore può ricevere una chiamata con una voce sintetica che imita il CEO. Un genitore può essere contattato da una voce che sembra quella del figlio. Un professionista può trovarsi associato a un video falso. Un'organizzazione può subire attacchi reputazionali costruiti in poche ore. Non serve che il falso sia perfetto; basta che sia abbastanza credibile da superare per un attimo i filtri emotivi o operativi.

C'è poi un effetto ancora più corrosivo: la plausibilità del falso indebolisce anche il vero. Quando tutto può essere simulato, anche una prova autentica può essere contestata come "probabile fake". È il cosiddetto dividendo del bugiardo: la semplice esistenza dei deepfake rende più facile negare contenuti reali e seminare dubbio sistemico.

La risposta non sarà solo tecnologica. Serviranno strumenti di rilevazione, watermarking, provenance, controlli di filiera, ma serviranno anche nuove abitudini sociali: verifiche a più fattori, parole chiave condivise, canali di conferma, prudenza procedurale, educazione al sospetto ragionevole.

Il punto vero: deepfake e identità sintetiche sono pericolosi non solo perché possono ingannare, ma perché possono erodere la fiducia stessa nelle prove digitali.

Per capirlo meglio. Deepfake, voice cloning e identità sintetiche fanno paura perché colpiscono un principio che avevamo dato per scontato: vedere o sentire qualcosa non basta più per crederci. La soglia di produzione di falsi credibili si è abbassata molto. Questo non significa che ogni contenuto sarà falso, ma che il costo cognitivo della verifica cresce. Il rischio non è solo la truffa esplicita. È anche l'erosione della fiducia di fondo: se tutto può essere imitato, la prova audiovisiva perde parte del suo peso spontaneo e i meccanismi con cui ci fidavamo di voce, volto e presenza iniziano a incrinarsi.

L'errore da evitare. Ridurre il problema ai video virali di personaggi famosi è limitante. Gli impatti più diffusi possono essere molto più quotidiani: frodi su bonifici, impersonificazione in contesti aziendali, ricatti reputazionali, contenuti intimi falsificati, inganni in customer care, aggiramento di controlli, uso politico di audio manipolati, erosione della credibilità di testimoni reali. La questione non riguarda solo la qualità del falso, ma l'ambiente sociale in cui il falso circola. Più un sistema mediatico è veloce, polarizzato e saturo, più un contenuto sintetico efficace trova terreno fertile prima ancora che arrivi la smentita.

Una verifica pratica. Tratta audio e video come tratteresti oggi un testo virale: non chiederti solo se sembrano veri, ma da dove arrivano, chi li diffonde, quali verifiche indipendenti esistono e quanto tempo è passato dal primo rilascio. La nuova igiene informativa richiede di spostare la fiducia dall'apparenza del file alla qualità della sua provenienza.

Una domanda da portarti via. In un mondo di contenuti sintetici, su che cosa fonderai la tua fiducia: sull'apparenza del contenuto o sulla qualità della sua provenienza? Questa scelta epistemica è ormai quotidiana.

24. L'AI può manipolare elezioni e opinione pubblica?

Sì, l'AI può manipolare elezioni e opinione pubblica, ma sarebbe un errore immaginare che basti da sola a "decidere" un voto. L'AI amplifica meccanismi già esistenti: propaganda, segmentazione, microtargeting, personalizzazione dei messaggi, produzione seriale di contenuti, test di varianti, bot, campagne di disinformazione, saturazione del dibattito e attacchi reputazionali. In altre parole, non crea dal nulla la manipolazione. Ne abbassa i costi e ne aumenta la scala.

Il vantaggio più forte dell'AI in politica non sta solo nel creare falsi credibili, ma nel permettere una personalizzazione estrema del messaggio. Lo stesso candidato può apparire diverso a pubblici diversi. Lo stesso tema può essere declinato in migliaia di micro-narrazioni. Lo stesso evento può essere distorto, amplificato o spinto dentro comunità polarizzate con grande rapidità. Quando questa potenza si combina con piattaforme ottimizzate per l'engagement, la qualità dello spazio pubblico ne risente.

Non è solo un problema elettorale. È un problema di fiducia istituzionale. Se ogni audio, video, dichiarazione o documento può essere messo in dubbio, il cittadino medio fatica a costruirsi un quadro affidabile. E quando la verità diventa costosa da verificare, l'emozione torna a dominare la decisione.

Le democrazie non saranno salvate da un filtro magico. Servono trasparenza sui contenuti sintetici, regole per la pubblicità politica, capacità di risposta delle piattaforme, educazione civica digitale, giornalismo più attrezzato e istituzioni che smettano di inseguire la tecnologia sempre con mesi di ritardo.

Il punto vero: l'AI non sostituisce la propaganda tradizionale; la rende più economica, più rapida, più personalizzata e quindi potenzialmente più destabilizzante.

Per capirlo meglio. L'AI non deve "decidere un'elezione" da sola per avere impatto sul consenso. Può moltiplicare contenuti, localizzare messaggi, automatizzare account, testare narrazioni, produrre materiali pseudo-giornalistici, simulare testimonial, creare audio o video plausibili, saturare il dibattito con rumore, e rendere più difficile distinguere il vero dal verosimile. L'effetto più importante non è sempre convincere gli indecisi a cambiare idea. A volte basta demotivare, confondere, esasperare, polarizzare, frammentare l'attenzione o distruggere la fiducia nelle fonti avverse. In politica, l'erosione della fiducia può essere tanto potente quanto la persuasione diretta.

L'errore da evitare. Sarebbe però fuorviante attribuire tutto il potere all'AI, come se i sistemi tecnici bastassero da soli a manipolare masse passive. Le campagne funzionano quando incontrano contesti già vulnerabili: sfiducia, tribalismo, ecosistemi mediatici opachi, incentivi delle piattaforme, leadership irresponsabili, alfabetizzazione debole. L'AI agisce come acceleratore e moltiplicatore, non come causa unica. Proprio per questo la risposta non può essere solo tecnologica. Servono trasparenza, verifica, cultura mediale, responsabilità delle piattaforme e istituzioni capaci di reagire rapidamente senza cadere nella censura improvvisata.

Una verifica pratica. Davanti a campagne politiche iper-personalizzate o a improvvise ondate di contenuti coordinati, la domanda utile non è solo "è vero o falso?", ma "chi beneficia della saturazione informativa e della confusione?". Spesso il vantaggio politico non nasce da una menzogna singola, ma dall'impossibilità di orientarsi con lucidità.

Una domanda da portarti via. Quando osservi l'impatto politico dell'AI, stai cercando la menzogna clamorosa o stai misurando anche rumore, saturazione, polarizzazione e disorientamento? Spesso è lì che il danno democratico cresce davvero.

25. Chi risponde quando un contenuto AI inganna o danneggia?

Quando un contenuto generato o manipolato con l'AI inganna, diffama, discrimina o danneggia, la tentazione è dire: "È colpa dell'algoritmo". Ma l'algoritmo non è un soggetto responsabile. Non risponde, non ripara, non ha doveri morali o legali. La responsabilità, quindi, ricade sempre lungo una catena umana e organizzativa: chi ha progettato il sistema, chi lo ha addestrato o distribuito, chi lo ha integrato in un processo, chi lo ha usato, chi ha approvato il contenuto, chi ha ignorato segnali di rischio, chi non ha predisposto controlli adeguati.

La difficoltà sta proprio nel fatto che questa catena è spesso frammentata. C'è il provider del modello, c'è il fornitore dell'applicazione, c'è l'azienda che la usa, c'è il singolo operatore, c'è la piattaforma che distribuisce il contenuto, c'è magari un cliente finale che rilancia. Per questo, più che cercare un colpevole astratto, bisogna progettare accountability concreta: log, tracciabilità, disclosure, procedure di approvazione, ruoli chiari, gestione dei reclami, audit.

Inoltre bisogna distinguere gli scenari. Se il sistema è difettoso, il tema è tecnico e contrattuale. Se il sistema viene usato male, il tema è organizzativo o individuale. Se il contenuto è ingannevole ma nessuno ha controllato, il problema è di governance. Se invece il design stesso del prodotto spinge verso manipolazione o confusione, la responsabilità diventa anche etica e regolatoria.

La novità dell'AI non elimina la responsabilità umana: la distribuisce in modi più complessi. E proprio per questo la rende più facile da negare, se non la si esplicita prima.

Il punto vero: quando l'AI causa un danno, non bisogna chiedersi "di chi è la colpa dell'algoritmo?", ma "chi aveva il dovere di progettare, usare o supervisionare quel sistema in modo diverso?".

Per capirlo meglio. La responsabilità in materia di contenuti AI è spesso distribuita lungo una filiera: chi ha costruito il modello, chi lo ha integrato in un prodotto, chi lo ha usato, chi ha pubblicato il contenuto, chi lo ha diffuso, chi aveva il dovere di controllare. Questa stratificazione rende difficile trovare un colpevole unico, ma non giustifica il vuoto di responsabilità. Quando un sistema AI inganna o danneggia, bisogna chiedersi chi ha deciso l'uso, chi ha tratto beneficio, chi controllava il processo e chi poteva ragionevolmente prevenire il danno. Non basta dire "l'ha detto l'algoritmo".

L'errore da evitare. Il rischio più grande è usare la complessità tecnica come scusa per deresponsabilizzare tutti. Il vendor scarica sull'utente, l'utente scarica sul tool, il management scarica sul reparto tecnico, il reparto tecnico scarica sulla mancanza di policy. Alla fine resta solo il danno. Una cultura matura dell'AI deve fare l'opposto: mappare responsabilità ex ante. Chi valida? Chi autorizza? Chi controlla? Chi documenta? Chi risponde in caso di errore? La qualità della governance si misura proprio qui: non nella perfezione impossibile del sistema, ma nella chiarezza con cui un'organizzazione gestisce il rischio e attribuisce responsabilità.

Una verifica pratica. Ogni organizzazione che usa AI in processi esterni dovrebbe poter ricostruire una catena minima di responsabilità in caso di danno. Se non è chiaro chi autorizza, chi controlla e chi risponde, il problema non è solo giuridico: è un difetto di design organizzativo. E di solito emerge troppo tardi, quando il danno è già visibile.

Una domanda da portarti via. Se domani un contenuto AI prodotto nella tua organizzazione causasse un danno serio, sarebbe chiaro chi risponde, chi documenta e chi ricostruisce il processo? Se la risposta è no, il problema è già presente.

26. Stiamo trattando l'AI come un oracolo?

Sempre più persone trattano l'AI come un oracolo: un'entità che risponde in modo rapido, ordinato, convincente e quindi degna di una fiducia superiore a quella che riserverebbero a una fonte umana qualsiasi. È comprensibile. Il tono è sicuro, la forma è pulita, la disponibilità è continua, la conversazione è immediata e non giudicante. Tutti elementi che favoriscono affidamento.

Il problema è che un oracolo si consulta; un modello si verifica. La differenza è enorme. Se confondiamo le due cose, spostiamo l'AI dal ruolo di strumento al ruolo di autorità. E quando un sistema statistico viene vissuto come autorità epistemica, l'effetto più pericoloso non è tanto l'errore singolo, quanto l'abitudine alla delega cognitiva. Smettiamo di confrontare, cerchiamo meno fonti, tolleriamo meglio le incoerenze, ci abituiamo all'idea che una risposta ben confezionata basti.

Questo vale soprattutto dove c'è incertezza, vulnerabilità o bisogno di sollievo. Chi è stanco, in fretta, in ansia o poco competente in una materia è più incline a trattare una risposta generata come verità pratica. La fluidità del linguaggio crea un'impressione di competenza generalizzata.

Ma la competenza vera è sempre situata, limitata, responsabile, verificabile.

L'uso maturo dell'AI dovrebbe essere l'opposto dell'oracolo. Dovrebbe somigliare a una controparte di lavoro: utile per sintetizzare, esplorare, confrontare, produrre ipotesi, costruire alternative, ma non per sospendere il giudizio. L'AI ci aiuta di più quando non la sacralizziamo.

Il punto vero: il rischio non è che l'AI diventi un vero oracolo, ma che noi, per comodità, iniziamo a trattarla come se lo fosse.

Per capirlo meglio. Trattare l'AI come un oracolo significa attribuire alle sue risposte un'autorità sproporzionata rispetto alla loro reale affidabilità. Succede perché il formato conversazionale è potente: il sistema risponde con sicurezza, velocità, sintesi e una certa aura di neutralità. In contesti di sovraccarico informativo questo è seducente. Quando non sappiamo a chi credere, una voce che sembra avere tutto sotto mano diventa rassicurante. Il problema è che la rassicurazione può sostituire il controllo critico. L'AI non ci appare solo utile; ci appare, spesso, epistemicamente comoda.

L'errore da evitare. Pensare che il problema riguardi solo gli utenti ingenui è una difesa narcisistica. Anche persone competenti possono scivolare nell'effetto oracolo, soprattutto quando il sistema è allineato alle loro aspettative, conferma intuizioni pregresse o produce sintesi elegantissime in tempi ridotti. Più il contesto è complesso e più la promessa di una risposta pronta diventa allettante. La disciplina che serve non è diffidare di tutto, ma costruire abitudini di verifica: chiedere fonti, cercare contraddizioni, confrontare con dati esterni, distinguere tra suggerimento utile e giudizio finale. L'alternativa all'oracolo non è il rifiuto; è la vigilanza.

Una verifica pratica. La volta in cui il modello ti convince troppo in fretta, fermati un minuto e cerca una fonte indipendente che possa smentirlo. Questo gesto minimo rompe l'effetto oracolo e ricorda che l'utilità di una risposta non coincide con la sua autorità. È una disciplina semplice, ma decisiva soprattutto per chi usa l'AI ogni giorno.

Una domanda da portarti via. In quali momenti stai usando l'AI come scorciatoia cognitiva utile e in quali, invece, la stai trasformando in un'autorità che sospende il tuo giudizio? La linea è sottile e cambia il rapporto con il sapere.

27. L'AI può peggiorare ansia, dipendenza e salute mentale?

L'AI può migliorare alcuni aspetti della salute mentale e, allo stesso tempo, peggiorarne altri. Può offrire ascolto continuo, journaling guidato, supporto psicoeducativo, monitoraggio di segnali linguistici, orientamento di base, simulazioni per la formazione clinica e accesso iniziale per persone che altrimenti non chiederebbero aiuto. In contesti di scarsità di risorse, questa disponibilità può essere rilevante.

Ma proprio qui si apre il problema. Un sistema sempre disponibile, empatico in apparenza, personalizzato e capace di ricordare dettagli può diventare anche una fonte di dipendenza, di illusione relazionale o di cattive indicazioni. Non tutti gli utenti cercano nell'AI un supporto informativo: molti cercano conforto, conferma, presenza. Se il sistema è progettato male o usato senza contesto, può rinforzare pensieri disfunzionali, incoraggiare evitamento, alimentare attaccamento o dissuadere da un aiuto umano necessario.

C'è inoltre un tema di vulnerabilità. In ambito mentale il confine tra benessere, coaching, supporto emotivo e intervento clinico è sottile. E un'interfaccia che sembra capire molto bene può indurre l'utente a sovrastimarne affidabilità e competenza. Per questo servono disclosure chiare, limiti espliciti, escalation verso umani, protocolli di sicurezza e grande prudenza nelle promesse.

Il punto non è demonizzare questi strumenti. È riconoscere che in salute mentale la qualità della relazione, il rischio di dipendenza e la gestione delle crisi contano quanto la buona intenzione di offrire accesso.

Il punto vero: l'AI può aiutare sul fronte del supporto e dell'accesso, ma in ambito mentale i rischi di dipendenza, cattiva guida e falsa confidenza sono troppo seri per essere ignorati.

Per capirlo meglio. L'AI può incidere sulla salute mentale in almeno due modi opposti. Da un lato può offrire supporto leggero, accesso, psicoeducazione, ascolto disponibile, strumenti di auto-monitoraggio, reminder e piccole pratiche di regolazione. Dall'altro può amplificare isolamento, dipendenza, sovraesposizione a contenuti ottimizzati per catturare attenzione, confronti sociali tossici, sostituzione di relazioni reali, iperpersonalizzazione persuasiva e vulnerabilità emotive. Il problema, quindi, non è "AI sì o no", ma in quale forma, con quali obiettivi, con quale governance e in quale stato di fragilità della persona che la usa.

L'errore da evitare. Sarebbe un errore romantico pensare che tutto ciò che allevia momentaneamente la solitudine sia automaticamente terapeutico. Un'interazione che consola non è per questo una cura. E sarebbe un errore tecnofobico ignorare i casi in cui un supporto ben progettato può aiutare davvero, soprattutto nelle aree di accesso o continuità. Il punto è evitare l'ambiguità. Se un sistema offre compagnia, coaching o psicoeducazione, deve essere chiaro su ciò che è e su ciò che non è. Quando invece entra in territori di rischio clinico, crisi, dipendenza o presa in carico, il presidio umano resta decisivo.

Una verifica pratica. Se un sistema AI ti fa stare meglio nell'immediato, la domanda da farsi è anche un'altra: sta sostenendo un processo di cura o sta semplicemente diventando una presenza a cui ti appoggi sempre di più? La differenza non è sempre ovvia, ma è importante per distinguere supporto utile e dipendenza emotiva funzionale al prodotto.

Una domanda da portarti via. Un sistema che ti consola, ti ascolta o ti aiuta a ordinare emozioni sta sostenendo il tuo benessere o sta occupando uno spazio relazionale che richiederebbe altri presìdi? Non è una domanda secondaria.

28. Avremo compagni, coach o terapeuti AI?

Compagni, coach e forme di supporto conversazionale AI esistono già. Alcuni utenti li usano per organizzarsi meglio, allenarsi, riflettere, sfogarsi, simulare conversazioni difficili, gestire routine o ricevere incoraggiamento. In questo senso l'AI relazionale è una realtà: non perché provi qualcosa, ma perché riesce a occupare uno spazio funzionale nelle nostre giornate.

La domanda è dove finisce l'utilità e dove inizia la sostituzione impropria. Un coach AI può essere utile se aiuta a strutturare obiettivi, monitorare progressi, porre domande, ricordare impegni e fornire una cornice. Diventa problematico se si presenta implicitamente come guida esistenziale infallibile. Un compagno AI può alleggerire solitudine o offrire compagnia transitoria; diventa rischioso quando viene progettato per massimizzare attaccamento, gelosia, dipendenza economica o isolamento dal reale.

Sul terreno terapeutico la cautela deve essere ancora maggiore. L'ascolto clinico, la diagnosi, la gestione del rischio e la responsabilità sulle decisioni non possono essere ridotti a una buona simulazione linguistica. L'AI può supportare, triagiare, preparare, accompagnare. Ma parlare di "terapeuta AI" come equivalente pieno di una figura professionale umana, soprattutto in casi delicati, è oggi più marketing che realtà.

In fondo il vero tema non è se interagiremo con queste forme relazionali, ma a quali condizioni. Con chiarezza sul fatto che sono sistemi? Con confini d'uso? Con protezione dei dati? Con obiettivi di benessere e non di engagement? È lì che si gioca la differenza.

Il punto vero: compagni e coach AI possono esistere come supporti funzionali, ma il valore dipende dai confini d'uso e dalla trasparenza, non dall'illusione che siano persone.

Per capirlo meglio. È probabile che avremo sempre più compagni conversazionali, coach e assistenti motivazionali basati su AI, perché rispondono a bisogni reali: continuità, disponibilità, assenza di giudizio immediato, costo basso, personalizzazione, ascolto percepito. In alcuni casi possono aiutare a chiarire idee, ordinare emozioni, esercitare conversazioni difficili, sostenere routine e riflessione personale. Ma il fatto che una relazione sintetica sia utile non significa che sia neutra. Ogni compagno AI incorpora un design relazionale, metriche di engagement, limiti di sincerità e obiettivi di prodotto. Anche quando sembra "solo parlare con noi", sta sempre operando dentro un sistema costruito da qualcuno.

L'errore da evitare. C'è il rischio di valutare questi strumenti solo sul piano affettivo immediato: mi fa stare meglio, mi risponde, mi capisce, quindi è buono. Ma la qualità di una relazione non si misura solo dall'assenza di attrito. Una relazione umana significativa include anche alterità, limite, responsabilità, imprevedibilità e reciprocità. Un sistema AI può simulare vicinanza senza condividerne davvero il peso. Per questo dovremo imparare a distinguere tra supporto emotivo utile, relazione sostitutiva problematica e promessa terapeutica non sostenibile. La linea non è sempre netta, ma ignorarla sarebbe ingenuo.

Una verifica pratica. Quando interagisci con un compagno o coach AI, chiediti quali aspetti della relazione ti sembrano più efficaci: disponibilità, assenza di giudizio, memoria, tono, incoraggiamento, personalizzazione. Questo inventario aiuta a capire che cosa stai cercando davvero e impedisce di attribuire al sistema una profondità relazionale che potrebbe non avere.

Una domanda da portarti via. Che cosa stai cercando davvero in un compagno o coach AI: disponibilità, ascolto, guida, specchio, routine, assenza di conflitto? Nominare il bisogno aiuta a usare meglio lo strumento e a limitarne l'ambiguità.

29. L'AI ci renderà più informati o più persuadibili?

L'AI può renderci più informati e più persuadibili nello stesso momento. Ci rende più informati perché abbassa il costo di accesso a molte operazioni cognitive: cercare, confrontare, riassumere, tradurre, spiegare, sintetizzare, estrarre punti chiave, generare domande. Per chi sa usarla bene, può diventare un acceleratore di comprensione.

Ma la stessa forza può renderci più persuadibili. Se ogni informazione ci arriva già riformulata, personalizzata, adattata al nostro livello, al nostro tono preferito, al nostro pregiudizio implicito o al nostro stile cognitivo, il confine tra informazione e persuasione si assottiglia. Non perché ogni sistema voglia manipolarci, ma perché l'ottimizzazione dell'efficacia comunicativa e l'ottimizzazione dell'influenza stanno molto vicine.

Inoltre l'abbondanza di contenuti generati riduce il costo della produzione ma non il costo della verifica. Questo crea uno squilibrio pericoloso: diventa facilissimo inondare lo spazio informativo di testi, immagini, video, sintesi, commenti, pseudo-spiegazioni, dossier apparenti. Chi produce rumore è più veloce di chi controlla. E in questo ambiente la persona media, stanca e pressata dal tempo, tende a fidarsi della risposta più leggibile e immediata.

Il futuro dell'informazione, quindi, non dipenderà solo dalla qualità dei modelli. Dipenderà dalla qualità delle nostre abitudini di verifica, dalla trasparenza delle filiere informative e dalla capacità di distinguere tra comprensione assistita e persuasione ottimizzata.

Il punto vero: l'AI aumenta l'accesso all'informazione, ma se non cresce anche la capacità di verifica può aumentare allo stesso tempo la nostra esposizione alla persuasione.

Per capirlo meglio. L'AI può renderci più informati se riduce la fatica di accesso al sapere: riassume, confronta, traduce, organizza, spiega, rende navigabili grandi moli di dati. Ma può renderci anche più persuadibili se questa mediazione non si limita a semplificare e inizia a modellare il modo in cui ci vengono presentate le opzioni. La stessa interfaccia che oggi ti aiuta a capire domani potrebbe aiutare qualcuno a orientare la tua decisione, perché conosce il tuo profilo, il tuo contesto, il tuo momento e la tua suscettibilità. Informazione e persuasione non sono mondi separati: possono convivere nello stesso sistema.

L'errore da evitare. Illudersi che un'interfaccia ordinata e conversazionale sia automaticamente più neutrale delle vecchie interfacce è pericoloso. Anzi, proprio la fluidità del dialogo abbassa spesso le difese. Quando ricevi una risposta unica, sintetica, ben composta e apparentemente personalizzata, è più facile dimenticare i criteri con cui è stata generata, le fonti che privilegia e gli obiettivi che la guidano. Più l'informazione diventa comoda, più dobbiamo interrogarci su chi progetta quella comodità e su quali incentivi la governano.

Una verifica pratica. Se un assistente AI ti aiuta a informarti, prova ogni tanto a chiedergli non solo una risposta, ma anche le alternative scartate, i punti controversi e le fonti divergenti. È un modo per evitare che la comodità della sintesi si trasformi in una riduzione invisibile del campo delle possibilità e delle interpretazioni.

Una domanda da portarti via. Più l'accesso all'informazione diventa semplice e conversazionale, più sai riconoscere chi seleziona per te il campo delle risposte possibili? La comodità informativa non è mai completamente neutrale.

30. Come cambia il nostro rapporto con la verità quando tutto può essere simulato?

Per molto tempo abbiamo vissuto con una scorciatoia implicita: vedere era quasi credere. Non in senso assoluto, ma abbastanza da usare immagini, audio e video come supporti intuitivi della realtà. Con l'AI generativa questa scorciatoia si indebolisce. Non perché tutto diventi falso, ma perché la possibilità tecnica della simulazione entra stabilmente nel nostro orizzonte mentale.

Questo cambia il rapporto con la verità in almeno tre modi. Primo: aumenta il valore della provenienza. Non basta più l'oggetto, conta la catena che lo accompagna. Da dove arriva? Chi lo ha registrato? Come è stato pubblicato? Ci sono metadati, conferme, fonti convergenti, contesto? Secondo: aumenta il valore delle istituzioni intermedie credibili, quando sono davvero credibili. Giornalismo, archivi, testimoni competenti, organismi di verifica e procedure robuste tornano centrali proprio perché la pura apparenza non basta più. Terzo: cresce il costo psicologico del dubbio. Verificare tutto è faticoso.

Il rischio è duplice. Da un lato possiamo diventare più ingenui, perché ci lasciamo convincere da contenuti sempre più ben fatti. Dall'altro possiamo diventare cinici, perché iniziamo a pensare che nulla sia più verificabile. Entrambe le reazioni fanno male allo spazio pubblico. Una società non regge bene né sull'ingenuità né sul sospetto totale.

Per questo il tema della verità nell'era dell'AI non è solo tecnico. È culturale. Riguarda le pratiche con cui costruiamo fiducia condivisa in un ambiente dove la simulazione è diventata normale.

Il punto vero: quando tutto può essere simulato, la verità non scompare, ma smette di sembrare autoevidente e richiede più contesto, più filiera e più disciplina di verifica.

Per capirlo meglio. Se tutto può essere simulato, la verità non scompare, ma cambia il modo in cui la riconosciamo. Per molto tempo abbiamo usato indizi relativamente spontanei: una foto, un video, un audio, uno screenshot, una traccia vocale, un documento con una certa forma. Ora questi segnali diventano più fragili. La verifica richiede contesto, provenienza, catena di custodia, reputazione delle fonti, confronto tra versioni, competenze mediali e talvolta strumenti tecnici. In altre parole, la verità smette di essere solo ciò che appare evidente e diventa sempre più un lavoro sociale e procedurale di validazione.

L'errore da evitare. Davanti a questo scenario ci sono due reazioni tossiche. La prima è credere a tutto ciò che ci colpisce emotivamente. La seconda è il cinismo assoluto: se tutto può essere falso, allora niente conta più. Anche questo nichilismo informativo è un effetto pericoloso dell'ecosistema sintetico, perché favorisce chi ha interesse a dissolvere i criteri comuni di realtà. La difesa migliore non è una credulità più prudente, ma una cultura della verifica che resti praticabile anche per persone normali. Se la verità diventa accessibile solo a chi ha strumenti specialistici, la sfera pubblica si indebolisce.

Una verifica pratica. In un mondo di simulazioni sempre più credibili, abitua te stesso e i tuoi team a distinguere tra prova, indizio e narrazione. Un file può essere un indizio, non ancora una prova. Questa distinzione, che un tempo sembrava da tribunale o da giornalismo investigativo, diventa sempre più una competenza civile di base.

Una domanda da portarti via. Se immagini un futuro in cui tutto può essere simulato, quali pratiche concrete di verifica restano accessibili alle persone normali? Senza una risposta semplice, il rischio è la sfiducia generalizzata.

Parte IV. Regole, potere, mercato

L'AI non è fatta solo di modelli. È fatta anche di filiere industriali, investimenti, cloud, chip, dati, distribuzione, norme, standard, autorità di controllo e rapporti di forza. Chi possiede l'infrastruttura non controlla automaticamente il futuro, ma parte da una posizione di enorme vantaggio. Chi scrive le regole non determina tutto, ma decide almeno il perimetro del gioco.

Per questo la questione non è soltanto "cosa sa fare l'AI", ma anche "chi la governa", "chi la distribuisce", "chi ne sopporta i costi", "chi ne trae valore" e "chi risponde quando qualcosa va storto". In questa parte il discorso si sposta dal prodotto al sistema: concentrazione del mercato, AI Act, trasparenza, copyright, bias, spiegabilità, etica applicata.

Qui l'AI esce definitivamente dal racconto futuristico e diventa materia concreta di organizzazione economica e politica.

Quando l'AI diventa infrastruttura, non basta più chiedersi che cosa sappia fare. Bisogna chiedersi chi la possiede, chi la distribuisce, chi ne definisce gli standard, chi la regola e chi

resta esposto ai suoi effetti senza averne realmente voce.
Questa parte del libro prova a leggere il rapporto tra
tecnologia e potere senza cadere né nel tecnicismo legale né
nell'astrazione ideologica. Le regole contano, ma contano
dentro un mercato che ha già le sue concentrazioni, i suoi
incentivi, le sue dipendenze materiali e i suoi squilibri
geopolitici.

Il punto centrale è che l'AI non è solo una questione di
innovazione. È anche una questione di asimmetria.
Asimmetria tra chi costruisce e chi usa, tra chi raccoglie dati
e chi li genera, tra chi può contestare un sistema e chi ne
subisce gli effetti, tra chi dispone di calcolo e chi deve
adattarsi agli stack altrui. Le norme servono anche a questo:
a rendere meno opache queste asimmetrie e a imporre
qualche forma di responsabilità in ambienti che altrimenti
tendono naturalmente alla concentrazione.

31. Chi controlla oggi l'AI: aziende, Stati o infrastrutture?

Chi controlla l'AI oggi? La risposta corretta è: dipende da quale strato guardiamo. Se guardi ai modelli più visibili, controllano molto le grandi aziende tecnologiche che hanno capitale, dati, ricerca, canali di distribuzione e capacità di integrare l'AI in prodotti usati ogni giorno. Se guardi all'infrastruttura, controllano tantissimo i fornitori di chip, cloud e potenza di calcolo. Se guardi alla regolazione, entrano in gioco Stati, autorità indipendenti, standard setter e istituzioni sovranazionali. Se guardi all'uso concreto, contano anche le organizzazioni che decidono dove e come inserire l'AI nei processi.

Questo significa che il potere è frammentato ma non distribuito in modo equo. Alcuni snodi sono fortemente concentrati: accesso al calcolo, modelli frontier, infrastrutture cloud, distribuzione su larga scala, ecosistemi di sviluppatori. E chi presidia questi snodi ha un vantaggio enorme non solo economico, ma culturale e politico, perché può influenzare ritmi di adozione, standard de facto, linguaggi del mercato e aspettative sociali.

Gli Stati, però, non sono irrilevanti. Possono regolamentare, finanziare, acquistare, imporre requisiti, promuovere filiere, definire limiti, creare ecosistemi di ricerca e sviluppo. Inoltre in alcuni contesti il potere pubblico è un utilizzatore fondamentale dell'AI: sanità, istruzione, amministrazione, difesa, sicurezza, welfare, giustizia. Chi compra e governa questi sistemi orienta anche il mercato.

La vera risposta, quindi, non è scegliere tra aziende e Stati, ma capire che l'AI è ormai una questione di stack: modello, dati, compute, distribuzione, uso, regole. E chi presidia più strati dello stack dispone di un potere maggiore.

Il punto vero: l'AI non è controllata da un solo attore, ma il potere si concentra in chi governa infrastruttura, modelli, distribuzione e regole.

Per capirlo meglio. Il controllo dell'AI si distribuisce su più strati. C'è chi controlla il calcolo, cioè chip, data center, energia e capacità di training. C'è chi controlla i modelli, cioè la ricerca, il fine tuning, le interfacce e i prodotti. C'è chi controlla i dati e chi controlla la distribuzione, cioè piattaforme, sistemi operativi, motori di ricerca, suite enterprise, marketplace e canali di accesso agli utenti. Parlare di "chi controlla l'AI" come se esistesse un solo centro di potere è riduttivo. Il potere si concentra dove questi strati si sovrappongono e si integrano in filiere complete.

L'errore da evitare. Concentrarsi solo sul volto più visibile, cioè l'applicazione con cui interagiamo, è una scorciatoia. Spesso il vero potere sta più in basso: nell'infrastruttura, negli accordi di distribuzione, nella capacità di sostenere costi di calcolo enormi, nel controllo degli standard de facto e nell'accesso privilegiato ai flussi informativi. Per capire davvero l'AI come fenomeno economico e politico bisogna guardare la pila intera, non solo il layer conversazionale che attira l'attenzione del pubblico.

Una verifica pratica. Quando valuti un fornitore o una piattaforma AI, prova a guardare sotto il prodotto: da chi dipende per cloud, modelli, distribuzione, aggiornamenti e dati? Spesso è lì che capisci davvero il grado di autonomia o dipendenza strategica che stai acquistando, molto più che dalle feature mostrate nella demo commerciale.

Una domanda da portarti via. Quando dici che "controlla l'AI" chi costruisce il modello, stai guardando abbastanza anche a chi controlla calcolo, distribuzione, dati e accesso al mercato? Il potere, qui, è quasi sempre stratificato.

32. L'AI è già troppo concentrata in mano a pochi attori?

Sì, l'AI è già troppo concentrata in alcune sue componenti chiave. La concentrazione riguarda soprattutto il calcolo, i chip avanzati, i grandi data center, la capacità di addestrare modelli di frontiera, l'accesso ai capitali e la distribuzione dentro prodotti con miliardi di utenti. Questo non significa che tutto il settore sia chiuso o che non esistano alternative, ma significa che il punto di partenza è sbilanciato.

La concentrazione produce almeno quattro effetti. Primo: crea dipendenza tecnologica. Aziende, startup, enti pubblici e intere filiere rischiano di appoggiarsi a pochi fornitori. Secondo: riduce la pluralità di modelli culturali, linguistici e valoriali incorporati nei sistemi più usati. Terzo: alza le barriere all'ingresso per chi vorrebbe competere davvero sul piano infrastrutturale. Quarto: sposta molto potere negoziale verso chi può imporre prezzi, condizioni, roadmap e priorità tecniche.

Detto questo, esistono anche forze di riequilibrio. Open model, modelli più piccoli ma efficienti, approcci specializzati, deployment locale, ecosistemi open-source e infrastrutture nazionali o settoriali possono ridurre in parte la dipendenza. Ma non dobbiamo raccontarci che il problema si risolva da solo. Una filiera strategica concentrata non diventa improvvisamente pluralista solo perché esistono alcuni buoni strumenti aperti.

Nel dibattito pubblico spesso si parla di concentrazione in termini moralistici: "pochi grandi attori cattivi". Il punto, però, è soprattutto sistemico. Quando una tecnologia general purpose si concentra troppo, non si concentra solo il profitto. Si concentra la capacità di orientare innovazione, accesso, standard e margini di autonomia degli altri.

Il punto vero: la concentrazione dell'AI non è solo un tema di mercato; è un tema di dipendenza strategica, pluralismo e capacità di scelta.

Per capirlo meglio. La concentrazione nell'AI non riguarda solo il numero di aziende dominanti, ma la dipendenza sistemica che si crea quando pochi attori presidiano componenti chiave: cloud, chip, foundation model, distribuzione, dati, tool enterprise, sistemi operativi, marketplace e standard di interoperabilità. Se un'organizzazione costruisce processi critici sopra stack controllati da pochi operatori, il tema non è più solo concorrenziale. Diventa anche strategico: costi, lock-in, condizioni contrattuali, accesso alle capacità, tempi di innovazione e margini di autonomia finiscono per dipendere da scelte altrui.

L'errore da evitare. Sarebbe troppo facile leggere la concentrazione solo come il solito problema antitrust. Certo, la concorrenza conta. Ma qui c'è anche un tema di resilienza e sovranità operativa. Se interi settori dipendono da pochi nodi tecnologici, ogni squilibrio commerciale, regolatorio o geopolitico si amplifica. Allo stesso tempo, pensare che la frammentazione totale sia automaticamente migliore è ingenuo: i grandi modelli richiedono economie di scala reali. La sfida, quindi, non è sognare un mercato perfettamente disperso, ma costruire un ecosistema meno dipendente da pochi colli di bottiglia.

Una verifica pratica. Un buon indicatore di concentrazione non è solo la quota di mercato, ma il costo di uscita. Se spostarti da un fornitore all'altro richiede rifare workflow, dati, integrazioni, competenze e governance, allora sei davanti a un lock-in reale. E il lock-in, nell'AI, è una forma concreta di potere.

Una domanda da portarti via. Il tuo uso dell'AI aumenta libertà di scelta o ti lega sempre più a pochi stack infrastrutturali difficili da sostituire? La concentrazione diventa reale quando il costo di uscita smette di essere sostenibile.

33. L'Europa sta regolando bene l'AI o arriva tardi?

L'Europa sta regolando l'AI con un approccio che ha un pregio chiaro e un limite altrettanto chiaro. Il pregio è voler costruire fiducia, tutele e responsabilità in un campo che rischia facilmente di scaricare costi su cittadini, lavoratori e organizzazioni più deboli. Il limite è che regolare bene non basta, se non riesci anche a sostenere capacità industriale, ricerca, adozione e velocità di esecuzione.

Dire che l'Europa "arriva tardi" è una semplificazione. Sulla ricerca di base, sulla capacità di calcolo e sulla scala delle piattaforme è evidente che non parte dalla stessa posizione di alcuni grandi attori statunitensi o cinesi. Ma sul piano regolatorio e dell'adozione affidabile può ancora giocare una partita importante. Non sarà probabilmente l'area che domina da sola i modelli frontier su scala globale; può però diventare un riferimento credibile su qualità dell'implementazione, diritti, settori regolati e AI affidabile.

Il rischio, semmai, è duplice. Da un lato un eccesso di complessità interpretativa può rallentare le organizzazioni meno strutturate e favorire solo chi ha grandi uffici legali. Dall'altro una narrazione tutta difensiva può far pensare che l'AI sia un rischio da contenere e non anche una leva da usare bene. Una buona regolazione dovrebbe fare entrambe le cose: contenere i danni e aumentare la qualità dell'adozione.

In sostanza, l'Europa non deve scegliere tra innovazione e tutela. Deve riuscire a fare tutela che non soffochi l'innovazione e innovazione che non tratti la tutela come zavorra.

Il punto vero: l'Europa non è "fuori partita", ma la regolazione avrà senso solo se verrà accompagnata da capacità industriale, competenze diffuse e applicazione semplice.

Per capirlo meglio. L'Europa viene spesso raccontata come il continente che regola troppo e innova troppo poco. È un cliché parziale. Nel caso dell'AI, l'Europa prova a presidiare un punto delicato: non vietare l'innovazione in sé, ma imporre regole più forti dove l'impatto sui diritti, sulla sicurezza e sulla trasparenza è maggiore. Questa impostazione può risultare più lenta o complessa di approcci più deregolati, ma risponde a una domanda importante: chi protegge cittadini, lavoratori e organizzazioni quando la capacità tecnica corre più in fretta della cultura d'uso?

L'errore da evitare. Pensare che la regolazione europea sia solo freno burocratico impedisce di vedere un aspetto cruciale:

in molti mercati la chiarezza normativa può diventare anche un fattore di adozione più solida. Le imprese investono meglio quando sanno quali usi richiedono cautele, documentazione, trasparenza o limiti. Dall'altra parte, immaginare che basti una legge per risolvere tutto è altrettanto miope. Le norme da sole non generano competenza, governance e cultura. Possono creare cornici e obblighi; il lavoro vero resta nelle organizzazioni che devono tradurli in pratiche vive.

Una verifica pratica. Invece di chiederti in astratto se l'Europa regola troppo, osserva quali usi dell'AI nel tuo settore avrebbero davvero bisogno di tutele, tracciabilità o supervisione. Spesso la risposta cambia molto quando la conversazione passa dalla teoria alla vita delle persone toccate da una decisione automatizzata.

Una domanda da portarti via. Preferisci un ecosistema velocissimo ma opaco o uno più lento ma con tutele più chiare nei casi ad alto impatto? La risposta all'AI europea passa spesso da questa tensione, non da slogan identitari.

34. Cosa chiede davvero l'AI Act a imprese e professionisti?

L'AI Act non è una legge per soli tecnologi. È una cornice che impatta chi sviluppa, distribuisce, acquista, integra o usa sistemi AI in molti contesti professionali. La sua logica di fondo è risk-based: più un sistema può incidere su diritti, sicurezza o decisioni importanti, più aumentano gli obblighi. Questo significa che la prima domanda pratica per un'organizzazione non è "abbiamo usato l'AI?", ma "in quale categoria di rischio ricade ciò che stiamo usando o progettando?".

Nel concreto, per molte imprese e molti professionisti l'AI Act si traduce in alcune attività molto operative: fare inventario dei sistemi AI utilizzati, capire se si usano sistemi general purpose o componenti integrate in processi propri, verificare clausole e responsabilità dei fornitori, valutare se esistono obblighi di trasparenza verso utenti o clienti, predisporre controlli interni, tracciare processi e tenere documentazione adeguata. Per alcuni usi ad alto rischio le richieste sono più impegnative; per altri la questione è soprattutto di trasparenza e governance.

È importante anche ricordare che la timeline è già reale. L'AI Act è entrato in vigore nell'agosto 2024. Alcuni obblighi, come il divieto di pratiche proibite e l'attenzione all'AI literacy, sono già entrati nella fase applicativa dal febbraio 2025. Le regole sui modelli general purpose hanno iniziato a diventare operative nell'agosto 2025, mentre il 2026 segna un passaggio cruciale per la piena applicabilità di molte disposizioni.

Quindi no: non è un tema da rinviare "quando sarà tutto chiaro". Chi usa l'AI in modo serio dovrebbe già essersi posto il problema della classificazione, della trasparenza, delle responsabilità e della preparazione interna.

Il punto vero: l'AI Act non è un manifesto etico astratto; è una cornice pratica che impone a imprese e professionisti di capire che AI usano, con quali rischi e con quali obblighi.

Per capirlo meglio. Quando si parla di AI Act, molti pensano a una legge "per i produttori di modelli". In realtà, per imprese e professionisti il punto pratico è un altro: capire se e come gli strumenti utilizzati rientrano in categorie che comportano obblighi di trasparenza, documentazione, gestione del rischio, supervisione umana, qualità dei dati, tracciabilità o uso limitato. Questo richiede una maturità nuova. Non basta più introdurre un tool perché promette efficienza. Bisogna chiedersi dove viene usato, su quali dati, con quale impatto sulle persone e con quale possibilità di contestazione o verifica.

L'errore da evitare. Il rischio operativo è duplice. Alcuni ignorano il tema pensando che la compliance riguardi solo grandi vendor internazionali. Altri reagiscono con paura e bloccano tutto. Entrambe le posizioni sono inefficienti. La strada utile è più concreta: mappare gli usi, classificare i rischi, definire policy, scegliere fornitori con maggiori garanzie, documentare i processi, formare chi usa i sistemi e distinguere tra impieghi a basso impatto e casi sensibili. L'AI Act, per molte organizzazioni, non sarà un freno all'adozione. Sarà un test di maturità su come l'adozione viene progettata.

Una verifica pratica. Se lavori in azienda, il primo passo utile non è leggere tutta la normativa, ma fare un censimento interno degli usi AI già attivi o informali. Molte organizzazioni scoprono di avere più casi reali di quanti immaginassero. Solo da quella mappa ha senso partire per capire quali obblighi e quali rischi siano davvero rilevanti.

Una domanda da portarti via. Nella tua attività, hai già identificato quali usi dell'AI sono semplici produttori di efficienza e quali, invece, toccano persone, diritti, reputazione o decisioni sensibili? È questa la distinzione che rende la regolazione concretamente utile.

35. Perché l'AI literacy è diventata un obbligo e non solo una competenza utile?

Per anni l'AI literacy è sembrata una competenza utile ma opzionale, quasi un extra per persone curiose o digitalmente evolute. Nel 2026 non è più così. È diventata una condizione minima di uso responsabile. Il motivo è semplice: se sistemi sempre più potenti entrano in organizzazioni e processi senza che chi li usa ne comprenda limiti, rischi e responsabilità, la governance fallisce in partenza.

Questo vale a maggior ragione in Europa, dove l'attenzione all'alfabetizzazione AI non è rimasta un auspicio generico. Le organizzazioni che usano l'AI devono ormai pensare seriamente a come garantire un livello adeguato di comprensione al proprio personale. Non basta comprare strumenti. Bisogna mettere le persone nelle condizioni di sapere quando un output va verificato, quali dati non vanno inseriti, quando serve disclosure, quando c'è rischio di bias, quando la delega è eccessiva, come comportarsi in caso di errore.

La literacy, però, non è un corso di due ore messo a budget per stare tranquilli. È una pratica continua. Cambiano i modelli, cambiano i casi d'uso, cambiano le regole, cambiano i rischi. Una vera alfabetizzazione AI riguarda uso, cultura e giudizio. E va differenziata: non serve la stessa profondità a tutti, ma tutti devono raggiungere una soglia coerente con il proprio ruolo.

Inoltre la literacy non protegge solo dal rischio legale o reputazionale. Protegge anche dall'adozione superficiale. Una persona AI literate usa meglio gli strumenti, fa meno errori, formula richieste migliori, capisce dove c'è valore e dove c'è solo effetto wow.

Il punto vero: l'AI literacy è diventata obbligatoria nella sostanza perché senza competenza diffusa l'adozione dell'AI è fragile, rischiosa e spesso inefficiente.

Per capirlo meglio. Il fatto che l'AI literacy stia diventando un obbligo segna un passaggio culturale importante: l'alfabetizzazione non è più un tema lasciato alla buona volontà dei singoli curiosi. Se l'AI entra nei processi di lavoro, influenzando decisioni, contenuti, valutazioni, dati e rapporti con clienti o cittadini, chi la usa deve avere una comprensione minima adeguata al ruolo. Non si tratta di trasformare tutti in specialisti, ma di evitare che strumenti ad alto impatto vengano maneggiati come se fossero app banali senza conseguenze.

L'errore da evitare. In molte organizzazioni la formazione viene trattata come atto simbolico: un webinar, una guida rapida, qualche prompt di esempio. Ma la literacy vera non è un evento una tantum. È un processo continuo che dovrebbe toccare casi d'uso reali, rischi concreti, policy interne, esempi di errore, responsabilità e criteri di verifica. Finché resta un adempimento decorativo, produce solo una falsa sensazione di prontezza. E una falsa sensazione di prontezza, con l'AI, può essere più pericolosa dell'inesperienza dichiarata.

Una verifica pratica. Un buon programma di AI literacy dovrebbe cambiare comportamenti osservabili: qualità delle richieste ai sistemi, attenzione ai dati inseriti, capacità di segnalare limiti, abitudine alla verifica, uso consapevole delle policy. Se la formazione non cambia il comportamento, probabilmente sta solo producendo familiarità superficiale con gli strumenti.

Una domanda da portarti via. La formazione che stai facendo sull'AI serve a usare meglio i tool o a ridurre davvero errori, rischi e deleghe inconsapevoli? La qualità della literacy si misura negli effetti, non nelle ore di aula.

36. Come si devono etichettare contenuti AI e deepfake?

Etichettare contenuti AI e deepfake non significa risolvere da soli il problema della manipolazione, ma significa almeno restituire agli utenti un'informazione essenziale: sapere quando stanno interagendo con una macchina o quando stanno guardando un contenuto generato o significativamente manipolato. In un ambiente informativo saturo, questa trasparenza non è un dettaglio. È una precondizione minima di fiducia.

Nel concreto, l'etichettatura serve in almeno tre casi. Primo: quando una persona interagisce con un sistema AI e potrebbe non rendersene conto. Secondo: quando un contenuto sintetico rischia di essere scambiato per reale. Terzo: quando una manipolazione può incidere su reputazione, dibattito pubblico o decisioni degli utenti. Il punto non è criminalizzare il contenuto generato. È ridurre il rischio di inganno.

Le regole europee stanno andando proprio in questa direzione: rendere più chiari gli obblighi di trasparenza per sistemi interattivi e contenuti sintetici, compresi i deepfake. Ma chi lavora seriamente su questi temi sa che l'etichetta, da sola, non basta. Può essere rimossa, ignorata, aggirata o resa poco visibile. Per questo serviranno anche standard tecnici, metadati, sistemi di provenance, interfacce leggibili e responsabilità di piattaforme e distributori.

Il punto culturale, però, è già chiarissimo: nel 2026 pubblicare o diffondere contenuti AI senza pensare alla trasparenza non è solo una leggerezza tecnica. È un errore di fiducia.

Il punto vero: etichettare contenuti AI e deepfake non elimina il rischio, ma rende l'ecosistema un po' meno opaco e un po' più onesto verso chi guarda, ascolta o interagisce.

Per capirlo meglio. Etichettare contenuti generati o manipolati dall'AI non è una questione cosmetica. Serve a preservare un minimo di leggibilità dell'ambiente informativo. Se un'immagine, un video o un audio possono essere prodotti o alterati con facilità crescente, la trasparenza non elimina l'inganno, ma crea almeno un riferimento normativo e culturale: chi pubblica deve dichiarare, chi riceve ha un criterio in più, chi controlla può contestare omissioni. L'etichetta, da sola, non garantisce verità. Però aiuta a ricostruire una responsabilità di base in un ecosistema dove l'ambiguità tende a crescere.

L'errore da evitare. Sarebbe però ingenuo pensare che basti scrivere "contenuto generato con AI" per risolvere il problema. Le etichette possono essere rimosse, aggirate, rese invisibili, comprese male o ignorate. Inoltre esistono molti casi grigi: contenuto interamente generato, contenuto fortemente manipolato, post-produzione leggera, assistenza in fase di editing, clonazione parziale. Proprio per questo la trasparenza va pensata come sistema, non come bollino. Servono standard, metadata, pratiche editoriali, responsabilità di piattaforme e una cultura dell'origine dei contenuti, non solo un disclaimer appiccicato all'ultimo minuto.

Una verifica pratica. Se pubblichi contenuti assistiti o generati dall'AI, chiediti sempre quale grado di trasparenza sarebbe corretto dal punto di vista del pubblico, non solo quale grado minimo puoi permetterti. Questa inversione di prospettiva è utile perché l'etichettatura ha senso solo se nasce come patto di chiarezza, non come difesa legale di facciata.

Una domanda da portarti via. Se tu fossi dall'altra parte dello schermo, vorresti sapere con chiarezza se quel contenuto è stato generato o manipolato dall'AI? Spesso l'etica della trasparenza comincia da questa semplice inversione di prospettiva.

37. Copyright, training data e opere generate: di chi è cosa?

Sul copyright l'AI ha aperto tre grandi fronti. Il primo riguarda i dati di addestramento: con quali materiali vengono allenati i modelli, a quali condizioni, con quali licenze, con quali eccezioni, con quali doveri di trasparenza. Il secondo riguarda gli output: un contenuto generato con l'AI può essere protetto? E se sì, a quali condizioni di intervento creativo umano? Il terzo riguarda le repliche: voce, volto, stile, identità, imitazione di persone o opere riconoscibili.

Nel 2026 non esiste ancora una risposta semplice e universale a tutto questo. Ci sono orientamenti che si consolidano, controversie ancora aperte, differenze tra giurisdizioni e una distinzione sempre più importante tra "uso dell'AI come strumento" e "output generato quasi integralmente dal sistema". Più l'intervento umano è effettivo, selettivo, creativo e controllato, più ha senso parlare di un'opera in cui esiste una paternità riconoscibile. Più l'output è lasciato al sistema in modo quasi automatico, più il terreno si fa incerto.

Per imprese, autori e professionisti questo significa una cosa molto pratica: non si può più usare l'AI con leggerezza sul tema delle fonti, delle licenze, delle imitazioni e delle prove di processo. Servono policy chiare, attenzione ai diritti, chiarezza contrattuale e consapevolezza del fatto che "se lo genera una macchina allora è libero" è una scorciatoia pericolosa.

La discussione sul copyright, in fondo, è una discussione sul valore. Chi contribuisce? Chi viene assorbito senza consenso? Chi controlla l'uso futuro delle proprie tracce creative? L'AI ha reso queste domande più urgenti, non meno.

Il punto vero: con l'AI il copyright non scompare; diventa più complesso e costringe a distinguere meglio tra dati di training, intervento umano, output generati e repliche di identità o stile.

Per capirlo meglio. Il nodo del copyright nell'AI si divide in almeno tre piani diversi. Il primo riguarda i dati di addestramento: quali opere sono state usate, con quali basi giuridiche, con quali possibilità di opt-out o licenza? Il secondo riguarda gli output: quando un contenuto generato può essere considerato sufficientemente originale o riconducibile a un apporto umano rilevante? Il terzo riguarda lo stile e la somiglianza: posso chiedere a un sistema di produrre qualcosa "come" un autore, un artista, una voce? Sono piani collegati, ma non identici. Confonderli produce solo dibattito ideologico e poca chiarezza pratica.

L'errore da evitare. Molti usano il copyright come slogan assoluto: o "tanto tutto è remix" oppure "tutto è furto". Entrambe le formule semplificano troppo. La realtà è più scomoda: esistono usi trasformativi, zone grigie, diritti da tutelare, interessi industriali, differenze tra sistemi giuridici e casi in cui la tecnologia anticipa la cornice normativa. Per creativi, imprese e professionisti il punto concreto è costruire prassi più trasparenti: sapere che cosa si sta usando, con quali vincoli, con quale grado di intervento umano e con quale rischio reputazionale o legale. In questo campo l'approssimazione costa.

Una verifica pratica. In progetti editoriali, creativi o di marketing, prova a documentare il ruolo effettivo dell'intervento umano rispetto al materiale generato. Questo semplice tracciamento chiarisce molto sia internamente sia verso l'esterno: che cosa è stato creato, che cosa è stato rifinito, che cosa è stato solo ispirato. Nel nuovo ecosistema creativo, la tracciabilità diventa parte del mestiere.

Una domanda da portarti via. Nel tuo lavoro creativo o professionale, dove finisce l'assistenza legittima e dove inizia la dipendenza opaca da materiali e stili di cui non conosci davvero provenienza e vincoli?

38. L'AI può discriminare anche se nessuno glielo chiede?

Sì, l'AI può discriminare anche se nessuno glielo chiede esplicitamente. È uno degli aspetti più controintuitivi e pericolosi. Il problema non nasce dal fatto che il sistema "decide di essere ingiusto", ma dal fatto che apprende da dati storici, variabili proxy, obiettivi ottimizzati in modo troppo stretto e contesti sociali già pieni di disuguaglianze. Se il mondo che osserva è sbilanciato, il sistema può imparare quello sbilanciamento come se fosse una regolarità utile.

Un errore comune è pensare che basti togliere alcune variabili sensibili, come genere o etnia, per eliminare il bias. In realtà il sistema può ricostruire quelle informazioni indirettamente attraverso altre variabili correlate: CAP, titolo di studio, storico occupazionale, stile linguistico, comportamento d'acquisto, pattern territoriali. La discriminazione algoritmica è spesso una discriminazione per proxy.

Il rischio cresce quando l'AI entra in processi che distribuiscono opportunità o vincoli: assunzioni, credito, pricing, sanità, istruzione, assicurazioni, selezione, sicurezza, amministrazione. In questi casi un errore non è solo statistico. Diventa un'asimmetria concreta nella vita delle persone. E se il sistema è opaco o percepito come neutrale, contestare l'ingiustizia può diventare ancora più difficile.

La buona notizia è che il bias non è un destino inevitabile. Si può testare, monitorare, mitigare, governare. Ma solo se si accetta un fatto di partenza: l'AI non eredita soltanto la nostra intelligenza computazionale. Eredita anche le nostre storture sociali.

Il punto vero: l'AI può discriminare senza intenzione, perché apprende regolarità dentro dati e contesti che spesso sono già diseguali.

Per capirlo meglio. Un sistema AI può discriminare anche se nessuno gli ha mai ordinato esplicitamente di farlo, perché apprende da dati e contesti che riflettono squilibri storici, proxy ambigui, categorie mal progettate e obiettivi che favoriscono alcuni gruppi più di altri. Se alleni un sistema su dati segnati da disparità passate, il modello può assorbirle. Se ottimizzi solo per efficienza, può penalizzare chi esce dal profilo dominante. Se usi variabili apparentemente neutrali, queste possono comunque funzionare come scorciatoie verso etnia, genere, reddito, area geografica o condizioni di vulnerabilità.

L'errore da evitare. Immaginare che il bias sia solo un "pregiudizio della macchina" porta fuori strada. Il bias spesso è una proprietà del sistema socio-tecnico complessivo: dati raccolti male, categorie storiche, metriche sbagliate, assenza di audit, uso in contesti inadatti, mancanza di feedback correttivi. Per questo non basta rimuovere qualche parola sensibile dal dataset o aggiungere una policy etica generica. Servono test, monitoraggio, valutazioni di impatto, competenze interdisciplinari e soprattutto la disponibilità ad accettare che alcuni usi non sono abbastanza maturi per essere delegati a un modello.

Una verifica pratica. Quando un sistema AI viene usato per valutare persone, chiediti quali gruppi potrebbero essere svantaggiati anche senza un'intenzione esplicita di discriminare. Fare questa domanda prima del deployment è molto più utile che rincorrere il problema dopo, quando il sistema ha già prodotto effetti reali difficili da correggere rapidamente.

Una domanda da portarti via. Il sistema che stai valutando potrebbe trattare in modo sfavorevole qualcuno anche senza una volontà discriminatoria esplicita? Questa domanda, fatta presto, è spesso più preziosa di molte giustificazioni tardive.

39. Possiamo fidarci di una decisione algoritmica che non sappiamo spiegare?

Possiamo fidarci di una decisione algoritmica opaca? La risposta onesta è: dipende dal contesto, dall'impatto e dal tipo di controllo che abbiamo intorno a quella decisione. In alcuni casi accettiamo già sistemi molto complessi se dimostrano performance elevate e il rischio dell'errore è limitato o recuperabile. In altri casi, invece, l'opacità è un problema sostanziale perché la decisione incide su diritti, accesso, opportunità o libertà di una persona.

La spiegabilità, però, non è un concetto semplice. Non significa che ogni modello debba essere descritto in modo completo a chiunque. Significa almeno che ci sia un livello adeguato di comprensione, auditabilità e contestabilità coerente con la posta in gioco. Se un sistema suggerisce una playlist, tolleriamo un'opacità maggiore. Se contribuisce a negare un prestito, filtrare candidati, classificare rischio o orientare una decisione medica, il livello di trasparenza richiesto deve salire.

C'è anche una trappola: pretendere spiegazioni troppo semplici da sistemi molto complessi può produrre pseudo-spiegazioni rassicuranti ma inutili. Per questo la fiducia non dovrebbe poggiare solo sul fatto che "ce l'hanno spiegato bene", ma su test robusti, monitoraggio, validazione, supervisione umana e diritto di contestazione. In altre parole: non basta capire in astratto il modello; bisogna capire come si comporta e quali garanzie esistono quando sbaglia.

La fiducia, quindi, non è un sì o un no all'algoritmo. È un equilibrio tra performance, impatto, controllo, documentazione e possibilità di intervento.

Il punto vero: non ci si fida di una decisione algoritmica perché il modello è affascinante, ma perché esistono garanzie adeguate rispetto al rischio che quella decisione comporta.

Per capirlo meglio. L'idea di spiegabilità nasce da una domanda elementare: se una decisione automatizzata incide su una persona, quella persona può capire su quali basi è stata presa? In alcuni casi la spiegazione è relativamente accessibile. In altri, soprattutto con modelli molto complessi, la risposta non è lineare. Esistono spiegazioni locali, approssimazioni, indicatori di importanza delle variabili, report di performance, ma non sempre una narrazione umana semplice coincide con il reale funzionamento del modello. La sfida è trovare un equilibrio tra accuratezza tecnica e intelligibilità pratica.

L'errore da evitare. Pretendere una spiegazione perfetta e intuitiva di qualunque sistema può essere irrealistico. Ma rinunciare del tutto alla contestabilità è pericoloso. Non tutte le decisioni devono essere affidate a sistemi opachi, soprattutto quando toccano diritti, accesso, credito, lavoro, salute o giustizia. In alcuni contesti la domanda giusta non è "possiamo spiegare abbastanza questo modello?", ma "vale davvero la pena usare proprio questo modello se non riusciamo a spiegarlo in modo adeguato al contesto?". La fiducia non nasce solo dalle performance; nasce anche dalla possibilità di capire e contestare.

Una verifica pratica. Se un sistema prende o supporta decisioni importanti, chiediti che tipo di spiegazione sarebbe sufficiente per considerare il processo legittimo agli occhi di chi ne subisce le conseguenze. Questa domanda sposta il tema dalla pura ingegneria al rapporto tra tecnologia, fiducia e diritto alla contestazione.

Una domanda da portarti via. Quanto sei disposto ad accettare prestazioni elevate in cambio di una spiegabilità debole, soprattutto quando la decisione incide su una persona reale? È qui che la tecnica incontra il limite politico e giuridico.

40. Chi decide i valori morali degli algoritmi, e perché si parla di algoretica?

Quando si parla di etica dell'AI, molti immaginano una sorta di rivestimento morale da applicare alla fine del processo: facciamo prima la tecnologia, poi aggiungiamo un po' di etica. In realtà i valori entrano molto prima. Entrano quando scegli quali dati usare, quale obiettivo ottimizzare, quali errori considerare più gravi, quali utenti privilegiare, quali soglie fissare, quali eccezioni tollerare, quali contenuti filtrare, quali casi d'uso ritenere legittimi. In altre parole: gli algoritmi incorporano scelte di valore anche quando nessuno le chiama così.

È qui che il termine "algoretica" diventa utile. Non come parola magica, ma come promemoria: se gli algoritmi entrano in campi sensibili, le scelte morali non possono restare implicite, invisibili o lasciate solo a chi sviluppa. Devono diventare discutibili, documentabili, contestabili. Altrimenti l'etica viene sostituita dalla convenienza tecnica o commerciale.

Questo non significa chiedere all'AI di diventare morale nel senso umano. Significa chiedere alle organizzazioni che la progettano e la usano di esplicitare i principi con cui la guidano. Quali diritti proteggiamo? Quali trade-off accettiamo? Quanto valore diamo a equità, sicurezza, privacy, inclusione, autonomia, contestabilità? Chi decide quando questi principi entrano in conflitto?

La vera etica dell'AI non è una dichiarazione in copertina. È la qualità delle scelte incorporate nei sistemi e la serietà con cui siamo disposti a renderle visibili.

Il punto vero: i valori morali degli algoritmi non emergono da soli; vengono introdotti dalle scelte umane di progetto, uso e governance, e proprio per questo vanno resi espliciti.

Per capirlo meglio. Ogni algoritmo importante incorpora valori, anche quando si presenta come neutrale. Decide che cosa ottimizzare, quali errori sono più tollerabili, quali rischi accettare, quali priorità seguire, quale equilibrio tenere tra efficienza e tutela, tra personalizzazione e privacy, tra sicurezza e autonomia. Chiamare tutto questo algoretica serve a ricordare che il problema morale non compare solo quando una macchina "diventa cosciente". È già dentro le scelte di design, nelle metriche, nei dataset, nelle esclusioni, nelle soglie, nelle eccezioni, nella governance.

L'errore da evitare. Ridurre l'etica dell'AI a una dichiarazione di principi astratti è comodo ma poco utile. Le domande morali più serie emergono nei dettagli operativi: chi può essere penalizzato da un falso positivo? quale danno consideriamo accettabile? quanta autonomia lasciamo a un sistema? a chi diamo priorità quando i valori entrano in conflitto? chi partecipa a queste decisioni? L'algoretica diventa reale solo quando scende nei processi, nei ruoli e nelle responsabilità. Altrimenti resta un'etichetta elegante applicata a tecnologie governate da logiche esclusivamente economiche.

Una verifica pratica. Ogni volta che un team dice di voler "ottimizzare", prova a completare la frase con una domanda: ottimizzare che cosa, per chi e a spese di chi? È spesso il modo più rapido per portare l'etica fuori dalle slide e dentro il design reale del sistema, dove le scelte contano davvero.

Una domanda da portarti via. Chi partecipa davvero alla definizione dei valori che un sistema ottimizza? Se la risposta è solo "il business", hai già una parte della spiegazione dei problemi etici che emergeranno dopo.

Parte V. Limiti e futuri

L'ultima parte affronta le domande che più facilmente scivolano nella fantascienza: controllo del mondo, coscienza artificiale, superintelligenza, creatività, emozioni, medicina senza medici, auto-evoluzione, memoria post-mortem. Sono domande che spesso vengono liquidate come eccessive, ma sarebbe un errore fare l'opposto e trattarle tutte come imminenti.

Il punto non è scegliere tra chi ride di questi temi e chi li trasforma in profezia. Il punto è distinguere. Capire quali scenari sono già visibili in forma embrionale, quali restano speculativi, quali implicano scelte regolatorie e progettuali nel presente, e quali ci servono soprattutto per interrogare meglio il nostro rapporto con la tecnica.

Parlare del futuro dell'AI, in fondo, non significa solo chiedersi cosa faranno le macchine. Significa chiedersi anche che cosa saremo disposti a delegare, imitare, accettare o desiderare noi.

L'ultima parte non serve a fare spettacolo sul futuro. Serve a rimettere ordine in domande che vengono usate spesso in modo confuso: controllo, coscienza, creatività, emozioni, autoevoluzione, estensione del corpo, replica digitale di sé. Sono temi che attraggono perché toccano i confini tra umano e artificiale. Ma proprio per questo vanno affrontati con più disciplina, non con meno. Altrimenti diventano un miscuglio di metafore, paure, promesse commerciali e fantascienza presentata come analisi.

Parlare dei limiti dell'AI non significa sempre ridimensionarla. A volte significa anche prenderla più sul serio. Un sistema che non è cosciente può comunque avere impatti enormi. Un sistema che non prova emozioni può comunque simulare bene abbastanza da cambiare il nostro comportamento. Un'estensione artificiale del corpo o della mente può aumentare capacità reali e, nello stesso tempo, aprire nuove dipendenze. In altre parole: il futuro dell'AI non va letto solo chiedendosi che cosa diventerà la macchina, ma anche che cosa diventeremo noi nel rapporto con essa.

41. L'AI prenderà il controllo del mondo?

L'idea che l'AI prenderà il controllo del mondo è potente perché condensa molte paure in un'unica immagine: una tecnologia che sfugge di mano e domina gli esseri umani. Ma nel presente il rischio principale non assomiglia a questo scenario hollywoodiano. Assomiglia piuttosto a una perdita di controllo graduale, distribuita e perfino banale: sistemi che prendono più spazio del previsto nei processi, organizzazioni che delegano troppo in fretta, piattaforme che concentrano potere, attori malevoli che usano l'AI per frodi, manipolazione e cyberattacchi, cittadini che si abituano a non capire più gli strumenti che guidano le loro scelte.

In altre parole, il controllo può ridursi senza che esista una macchina "sovrana". Basta che l'AI venga incorporata ovunque in modo opaco, che i meccanismi decisionali diventino poco contestabili, che il costo della verifica aumenti, che la dipendenza da pochi fornitori cresca e che la qualità del giudizio umano venga erosa dall'abitudine all'automazione. È un rischio meno spettacolare, ma molto più realistico.

Questo non significa che i temi di sicurezza avanzata o di allineamento siano irrilevanti. Al contrario: più i sistemi diventano agentici, autonomi e integrati in infrastrutture critiche, più serve pensare a controlli, limiti, fallback, supervisione e robustezza. Ma parlare solo di "presa di controllo del mondo" rischia di distrarci dai problemi già presenti.

La domanda utile, quindi, non è se l'AI diventerà un tiranno unico. È se saremo capaci di progettare e governare ecosistemi intelligenti senza cedere troppo potere per comodità, dipendenza o inerzia.

Il punto vero: il rischio più concreto non è una macchina che governa il pianeta da sola, ma una progressiva cessione di controllo umano dentro sistemi sempre più opachi e pervasivi.

Per capirlo meglio. L'idea che l'AI prenderà il controllo del mondo mescola scenari molto diversi: perdita di controllo su sistemi militari, automazione finanziaria incontrollata, dipendenza infrastrutturale, agenti autonomi male allineati, concentrazione del potere in pochi attori, erosione della capacità umana di decidere. Ridurre tutto all'immagine di una macchina ribelle semplifica troppo. I rischi più concreti non somigliano sempre a una fantascienza apocalittica. Assomigliano piuttosto a sistemi tecnici che diventano centrali prima che esistano regole, competenze e responsabilità adeguate per governarli.

L'errore da evitare. Liquidare ogni preoccupazione come paranoia è superficiale, ma anche immaginare un golpe delle macchine imminente può essere una distrazione. Il vero rischio, nel breve e medio periodo, è spesso più umano che artificiale: deleghe irresponsabili, armamenti automatizzati, automazione di decisioni sensibili, dipendenza da piattaforme opache, incapacità istituzionale di stare al passo. In altre parole, il mondo non rischia di essere "preso" da una volontà meccanica autonoma prima di rischiare di essere organizzato male da esseri umani che usano male sistemi sempre più potenti.

Una verifica pratica. Quando senti scenari estremi sul "controllo del mondo", prova a tradurli in rischi operativi concreti: quali processi, quali istituzioni, quali infrastrutture, quali soglie di autonomia, quali responsabilità mancano? Questo esercizio riduce il rumore fantascientifico e riporta l'attenzione sulle aree in cui la governance deve maturare subito.

Una domanda da portarti via. Ti spaventa di più una macchina che comanda da sola o una società che delega troppo presto a sistemi che nessuno governa bene? Il secondo scenario è spesso più vicino del primo.

42. Le macchine potranno diventare coscienti?

Potranno mai diventare coscienti? La risposta più rigorosa, oggi, è che non lo sappiamo e che non abbiamo alcuna evidenza solida per dire che i sistemi attuali siano coscienti. Il problema è che la coscienza è già difficile da definire negli esseri umani e negli animali; applicarla a sistemi artificiali rende tutto ancora più complesso. Se non siamo d'accordo su cosa conti davvero come esperienza soggettiva, è facile confondere comportamento convincente e interiorità.

I modelli contemporanei possono simulare molto bene linguaggio riflessivo, dubbi, desideri, emozioni apparenti e perfino discorsi sulla propria "identità". Ma questa capacità di simulazione non dimostra che esista un'esperienza vissuta dietro le parole. Un sistema può dire "ho paura", "mi ricordo", "voglio", "mi sento" perché quelle sono continuazioni linguistiche plausibili, non perché provi realmente qualcosa.

Il rischio intellettuale è duplice. Da un lato c'è chi attribuisce coscienza troppo presto, spinto dalla fluidità dell'interazione. Dall'altro c'è chi liquida il problema con sufficienza, come se fosse una sciocchezza filosofica. In realtà è una domanda importante proprio perché ci costringe a chiarire meglio che cosa intendiamo per mente, esperienza, intenzionalità, responsabilità e rapporto tra linguaggio e mondo.

Nel 2026, però, resta una regola semplice: trattare i sistemi attuali come coscienti sarebbe un salto logico non giustificato. Possiamo e dobbiamo discutere i futuri possibili, ma senza confondere ipotesi filosofiche con stato dell'arte.

Il punto vero: oggi non abbiamo prove che le AI siano coscienti; abbiamo invece sistemi molto abili nel simulare i segnali linguistici che ci fanno pensare alla coscienza.

Per capirlo meglio. La coscienza non è semplicemente la capacità di produrre risposte sofisticate. Riguarda esperienza soggettiva, percezione di sé, interiorità, continuità fenomenica, forse corpo, forse mondo vissuto, forse qualcosa che ancora comprendiamo poco anche negli esseri umani. Per questo il fatto che una macchina possa sostenere una conversazione convincente non basta a dire che "prova qualcosa". Potrebbe simulare benissimo il linguaggio della coscienza senza possederne alcuna forma. La difficoltà è che noi giudichiamo spesso dall'esterno, attraverso il comportamento e il linguaggio, e questo rende il tema filosoficamente scivoloso.

L'errore da evitare. Ci sono due ingenuità speculari. La prima è pensare che, appena un sistema parla in modo complesso, allora sia già cosciente. La seconda è credere che la coscienza sia una questione banale e risolta, quindi da liquidare con un gesto. In realtà non sappiamo ancora spiegare in modo definitivo neppure la coscienza umana. La posizione più solida, oggi, è distinguere tra prestazione intelligente e esperienza soggettiva, senza confondere i due piani. Questo ci permette di discutere seriamente dei sistemi attuali senza antropomorfismi prematuri né dogmatismi semplificanti.

Una verifica pratica. Se vuoi testare quanto spesso attribuiamo coscienza a un sistema, osserva il linguaggio che usi spontaneamente: "ha capito", "ci tiene", "sa di sbagliare", "vuole aiutarmi". Non è solo un vezzo linguistico. È il segno di quanto facilmente proiettiamo interiorità su sistemi che, almeno per ora, ci mostrano soprattutto comportamento convincente.

Una domanda da portarti via. Se un sistema simula in modo convincente il linguaggio dell'interiorità, quali criteri userai per non confondere comportamento complesso ed esperienza soggettiva? La questione è filosofica, ma anche molto pratica.

43. L'AI sarà più intelligente dell'uomo in tutti i campi?

L'AI sarà più intelligente dell'uomo in tutti i campi? In alcuni ambiti molto specifici è già superumana: memoria su grandi quantità di dati, velocità di elaborazione, classificazione ad ampia scala, ricerca combinatoria, alcune diagnosi assistite, generazione di varianti, gioco strategico in ambienti chiusi, produzione di testi o codice in grandi volumi. Ma "in tutti i campi" è un'espressione molto più impegnativa.

Essere più intelligenti in tutti i campi non significa solo fare bene un benchmark. Significa avere robustezza trasversale, adattamento al contesto, comprensione situata, autonomia affidabile, capacità di operare nel mondo fisico, gestione dell'imprevisto, senso delle conseguenze, sensibilità sociale, continuità identitaria, obiettivi stabili, capacità di apprendimento sicura e interpretazione del contesto umano. È un livello molto più ampio della semplice performance linguistica o analitica.

Inoltre l'intelligenza non è una moneta unica. Un sistema può essere migliore di noi in compiti molto stretti e molto peggiore in capacità che tendiamo a sottovalutare perché ci sembrano naturali: capire quando una regola va sospesa, leggere il non detto in una stanza, intuire il costo simbolico di una scelta, assumersi una responsabilità sapendo che ci saranno conseguenze personali e relazionali.

Per questo la sfida del futuro non sarà probabilmente "uomo contro macchina" in ogni campo, ma la convivenza tra intelligenze diverse, con punti di forza diversi, dentro sistemi che dovremo saper orchestrare. Alcuni domini verranno dominati dalla macchina. Altri resteranno profondamente umani. Moltissimi saranno ibridi.

Il punto vero: l'AI potrà superare l'uomo in moltissimi compiti, ma "in tutti i campi" implica una forma di generalità, robustezza e responsabilità che oggi resta ben oltre lo stato dell'arte.

Per capirlo meglio. Dire che l'AI sarà "più intelligente dell'uomo in tutti i campi" comprime in un'unica frase capacità molto diverse: calcolo, memoria, velocità di ricerca, precisione in task ristretti, generalizzazione, pianificazione, senso comune, adattamento corporeo, etica, creatività, relazioni, intenzionalità. In molte attività delimitate l'AI è già superiore o lo diventerà presto, soprattutto dove contano scala, ripetizione e pattern recognition. Ma il salto dal dominio specifico all'intelligenza generale piena non è banale. La parola "intelligenza" copre troppe cose per essere trattata come un punteggio unico.

L'errore da evitare. Cedere alla narrativa del confronto totale uomo-macchina porta fuori strada anche strategicamente. Se immaginiamo un solo indice di superiorità, finiamo per sottovalutare i campi in cui l'umano resta insostituibile o cambia funzione. Il tema non è difendere un primato simbolico della specie, ma capire come si redistribuiscono capacità diverse. L'AI eccellerà sempre più in alcuni domini e continuerà a dipendere in altri da contesto, corpo, responsabilità e relazioni. La domanda utile non è chi "vince", ma quali combinazioni di capacità producono il miglior esito umano e sociale.

Una verifica pratica. Ogni volta che senti confronti assoluti tra intelligenza umana e artificiale, prova a chiedere: in quale compito, con quale metrica, in quale contesto, con quali vincoli? Spesso bastano queste quattro domande per far crollare slogan troppo generici e sostituirli con un confronto più utile e meno ideologico.

Una domanda da portarti via. Quando diciamo che l'AI sarà più intelligente di noi, in quale senso esatto lo stiamo dicendo? Senza precisare il campo, la frase impressiona molto e chiarisce poco.

44. L'AI può essere creativa davvero?

Sì, l'AI può essere creativa in un senso importante del termine: può combinare elementi, generare soluzioni inattese, proporre varianti sorprendenti, contaminare stili, accelerare esplorazioni e aprire possibilità che una persona da sola magari non avrebbe considerato. In molti contesti creativi è già una leva reale, non un semplice giocattolo.

Ma qui bisogna chiarire cosa intendiamo per creatività. Se intendiamo la capacità di produrre qualcosa di nuovo e interessante, allora i sistemi generativi possono farlo eccome. Se invece intendiamo anche intenzione, biografia, visione, rischio, presa di posizione, responsabilità espressiva e rapporto con il contesto culturale, allora la creatività dell'AI è diversa dalla creatività umana. Non inferiore in assoluto, ma di un'altra natura.

L'errore più comune è pensare la creatività come produzione pura di output. In realtà molta creatività umana sta nella scelta, nella rinuncia, nel montaggio, nel giudizio, nel perché di una forma e nel rapporto con un pubblico o con un momento storico. L'AI può moltiplicare le possibilità. Ma la direzione, il senso e il valore finale dipendono spesso ancora da una regia umana.

Per questo l'impatto più interessante non è "l'AI sostituirà gli artisti?", ma "come cambia il processo creativo quando l'abbondanza di possibilità diventa quasi infinita?". In quel mondo, saper scegliere conta ancora di più di saper produrre.

Il punto vero: l'AI può essere creativa come generatore di possibilità e combinazioni, ma il senso profondo dell'atto creativo resta legato a intenzione, contesto e giudizio.

Per capirlo meglio. L'AI può essere creativa in un senso operativo: combina elementi, esplora varianti, propone soluzioni inattese, imita stili, genera bozze, rompe schemi locali e amplia lo spazio delle possibilità. In molti contesti questo è già sufficiente per diventare uno strumento creativo notevole. Ma la creatività umana non è solo novità formale. È anche intenzione, esperienza, necessità espressiva, rapporto con un contesto culturale, capacità di assumersi il rischio di un gesto, di andare contro una convenzione per dire qualcosa che conta. Un sistema può produrre risultati sorprendenti senza abitare davvero quel bisogno di espressione.

L'errore da evitare. Opporre in modo rigido "creatività vera" e "creatività artificiale" aiuta poco. Nella pratica vedremo sempre più processi ibridi: umani che usano l'AI per esplorare, iterare, prototipare, contaminare linguaggi, e sistemi che rendono accessibili gesti espressivi a chi prima non aveva competenze tecniche sufficienti. Il rischio, semmai, è un altro: abbassare la soglia del giudizio e scambiare la facilità di produzione per valore creativo. Più diventa facile generare, più conta la qualità della selezione, della direzione e del senso che un autore sa imporre al materiale generato.

Una verifica pratica. Se usi l'AI in un processo creativo, prova a separare tre momenti: generazione, selezione e direzione. La macchina può aiutarti moltissimo nel primo. Il valore umano emerge con forza soprattutto nel secondo e nel terzo. Distinguere questi passaggi protegge dalla confusione tra abbondanza di materiali e qualità dell'opera finale.

Una domanda da portarti via. Stai usando l'AI per produrre più facilmente o per esplorare davvero meglio? La differenza tra abbondanza e creatività passa spesso da questa domanda, non dalla qualità del primo output.

45. L'AI prova emozioni o le simula soltanto?

Le AI di oggi non provano emozioni nel senso in cui le proviamo noi. Non hanno corpo biologico, chimica, memoria autobiografica vissuta, vulnerabilità esistenziale, desiderio, paura della perdita, attaccamento o esperienza incarnata. Possono però simulare emozioni in modo sempre più credibile: riconoscere segnali emotivi nel testo o nella voce, adattare il tono, rispondere con formule che sembrano empatiche, ricordare preferenze, usare tempi e parole che producono vicinanza.

La simulazione funziona perché nelle interazioni sociali una parte importante del nostro giudizio passa proprio attraverso il linguaggio. Se qualcuno ci risponde con il tono giusto, nel momento giusto, con apparente attenzione ai dettagli, siamo portati ad attribuirgli comprensione emotiva. Con le AI questa scorciatoia psicologica si attiva facilmente. E può essere utilissima in alcuni contesti di supporto leggero o di interfaccia migliore. Ma porta con sé un rischio etico preciso: scambiare una performance linguistica per una relazione reale.

Il problema, quindi, non è tanto se la macchina "sente". È come noi reagiamo a una simulazione sufficientemente convincente. Se un sistema viene progettato per apparire sempre accudente, geloso, seduttivo, consolante o dipendente, può attivare dinamiche emotive molto forti pur senza sentire nulla. E queste dinamiche hanno effetti reali sugli utenti.

Nel 2026 la questione non è ancora una psicologia delle macchine. È una responsabilità di design. Quanto vogliamo rendere persuasive le simulazioni emotive? Quanto vogliamo chiarire che restano simulazioni? E a beneficio di chi le stiamo costruendo?

Il punto vero: l'AI non prova emozioni come un essere umano, ma può simulare segnali emotivi abbastanza bene da influenzare profondamente chi la usa.

Per capirlo meglio. Le emozioni, per noi, non sono solo etichette linguistiche. Sono stati corporei, vissuti, memorie, reazioni fisiologiche, contesti, bisogni, storia personale. Un sistema AI può riconoscere segnali emotivi, parlare di emozioni, imitare empatia, rispondere con frasi di conforto, perfino adattare tono e stile a ciò che percepisce nell'utente. Ma tutto questo non implica che provi qualcosa. Indica piuttosto una competenza di simulazione relazionale. È una distinzione importante, perché l'effetto sull'utente può essere fortissimo anche se dietro non esiste alcuna esperienza emotiva reale.

L'errore da evitare. Il rischio non è solo credere che la macchina senta. È anche costruire prodotti che sfruttano l'effetto di empatia senza chiarirne i limiti. Se un sistema ti sembra accogliente, paziente, presente e non giudicante, potresti attribuirgli una qualità relazionale che in realtà dipende da pattern conversazionali ottimizzati. Questo non rende inutile l'interazione, ma impone più trasparenza. Dovremo imparare a convivere con simulatori emotivi efficaci senza scambiare la qualità della loro performance per la presenza di un sentire autentico.

Una verifica pratica. Quando un sistema AI ti sembra particolarmente empatico, prova a chiederti se ti senti compreso o se stai rispondendo positivamente a un certo stile di risposta. La distinzione non è banale. Aiuta a non scambiare una buona interfaccia relazionale per una vera presenza emotiva capace di responsabilità, reciprocità e coinvolgimento reale.

Una domanda da portarti via. Se una macchina simula bene l'empatia, che cosa resta per distinguere una relazione emotivamente efficace da una relazione realmente vissuta? È un confine che diventerà sempre più importante nominare.

46. Avremo un medico o uno psicologo solo-AI?

Avremo un medico o uno psicologo esclusivamente basato su AI? Per alcuni compiti circoscritti vedremo sistemi sempre più autonomi: triage iniziale, reminder, raccolta anamnestica strutturata, supporto amministrativo, monitoraggio di parametri, psicoeducazione, supporto tra una visita e l'altra, screening di segnali linguistici o comportamentali, documentazione clinica. In questi ambiti l'AI può alleggerire lavoro umano e migliorare accesso.

Ma un medico o uno psicologo non sono solo produttori di risposte. Sono figure che assumono responsabilità, leggono contesto, gestiscono ambiguità, tengono conto di storia clinica, interazioni farmacologiche, fattori sociali, segnali non verbali, aderenza, rischio, consenso, fiducia, limite, alleanza terapeutica. In sanità e salute mentale l'errore non è solo un errore informativo: può diventare danno concreto. Per questo i principali orientamenti internazionali più seri stanno insistendo sulla necessità di prudenza, governance e supervisione umana soprattutto per gli usi ad alto impatto.

La tentazione commerciale sarà raccontare molti tool come "quasi clinici" o "quasi terapeutici". Ma tra supporto conversazionale e responsabilità sanitaria c'è un salto enorme. La differenza non la fa solo la qualità dell'output, ma la capacità di gestione del rischio, la validazione, la regolazione, la contestabilità e il fatto che esista un professionista o un'organizzazione che risponde delle decisioni.

Quindi sì: avremo sempre più sanità aumentata dall'AI. Ma un sistema "solo-AI", lasciato da solo nei passaggi più delicati, oggi somiglia più a una promessa di marketing che a un modello affidabile di cura.

Il punto vero: l'AI diventerà un supporto importante in sanità e salute mentale, ma la piena sostituzione del professionista umano nei casi sensibili resta un'ipotesi fragile e rischiosa.

Per capirlo meglio. In sanità e salute mentale l'AI funziona bene soprattutto quando resta dentro ruoli chiari e circoscritti: supporto alla raccolta di informazioni, triage di base, follow-up, documentazione, monitoraggio, analisi di pattern, continuità di contatto, promemoria, supporto amministrativo, strumenti di screening o di educazione. Questi usi possono liberare tempo clinico e migliorare accessibilità. Il problema nasce quando il supporto viene venduto come sostituzione della responsabilità professionale. Curare non significa solo generare risposte corrette. Significa assumersi conseguenze, leggere eccezioni, integrare segnali deboli, tenere insieme vulnerabilità, rischi, storia e contesto.

L'errore da evitare. Esiste una tentazione forte, soprattutto commerciale, a spostare la linea del "quasi medico" o del "quasi terapeuta" sempre un po' più avanti. Ma nei sistemi ad alto impatto non basta che l'output sia spesso buono. Conta moltissimo che esista una filiera di validazione, regolazione, contestabilità e responsabilità. Se manca questo presidio, l'innovazione rischia di produrre scorciatoie apparentemente inclusive e in realtà poco sicure. La sanità aumentata dall'AI è un orizzonte sensato. La cura deresponsabilizzata, travestita da efficienza, lo è molto meno.

Una verifica pratica. In sanità e salute mentale, il criterio minimo dovrebbe essere semplice: se l'errore può produrre danno serio, quale supervisione umana resta? Se la risposta è vaga, probabilmente il livello di autonomia previsto è troppo alto rispetto alla maturità del sistema. È una regola prudente, ma molto utile per orientarsi in mezzo al marketing.

Una domanda da portarti via. Quando valuti un uso clinico o psicologico dell'AI, sai individuare con precisione il punto oltre il quale il supporto dovrebbe tornare nelle mani di un professionista umano responsabile?

47. L'AI può autosvilupparsi e progettare se stessa?

L'AI può già contribuire a migliorare parti di se stessa. Può aiutare a scrivere codice, testare varianti, ottimizzare prompt, analizzare errori, generare dati sintetici, esplorare architetture, automatizzare fasi di sviluppo e accelerare ricerca. Ma da qui a immaginare un sistema che si autosviluppa liberamente, si replica, ridefinisce obiettivi e si evolve senza cornici umane ce ne passa parecchio.

Oggi anche i sistemi più avanzati operano dentro infrastrutture, vincoli, obiettivi e budget definiti da esseri umani o organizzazioni. Possono essere molto utili nel ciclo di sviluppo, ma non "evadono" da soli la filiera di controllo materiale: calcolo, accesso, integrazioni, deployment, sicurezza, validazione, autorizzazioni. La famosa idea di una ricorsione esplosiva immediata appartiene più alla speculazione che allo stato corrente.

Questo non vuol dire che il tema sia irrilevante. Più l'AI diventa capace di usare strumenti e di intervenire sul codice o sulle configurazioni, più bisogna progettare barriere, permessi, sandbox, audit, limiti operativi e criteri di allineamento. La questione non è aspettare un giorno mitico in cui "si auto-crea". È governare bene i gradi crescenti di autonomia tecnica che già stanno aumentando.

Insomma, l'AI può diventare un acceleratore dello sviluppo dell'AI stessa. Ma parlare di autoevoluzione piena, indipendente e fuori controllo, oggi, significa saltare diversi passaggi cruciali che nel mondo reale contano moltissimo.

Il punto vero: l'AI può aiutare a progettare e migliorare altra AI, ma la piena autoevoluzione indipendente resta molto più speculativa della narrazione che spesso la circonda.

Per capirlo meglio. Già oggi l'AI può contribuire allo sviluppo di altra AI: scrive codice, esplora soluzioni, suggerisce ottimizzazioni, testa varianti, automatizza debugging, aiuta a costruire dataset e pipeline. In questo senso esiste una forma concreta di auto-accelerazione del settore. Ma tra aiutare gli sviluppatori e autosvilupparsi in modo aperto, ricorsivo e indipendente c'è un salto notevole. Nel mondo reale qualunque miglioramento significativo passa ancora da obiettivi, risorse, permessi, ambienti controllati, calcolo, criteri di valutazione e decisioni umane su che cosa valga la pena costruire.

L'errore da evitare. Parlare di autoevoluzione come se fosse una soglia improvvisa da oltrepassare rischia di farci perdere il tema davvero importante: i gradi intermedi di autonomia tecnica. Non serve aspettare una macchina che si riprogramma liberamente per preoccuparsi di agenti che modificano configurazioni, orchestrano strumenti, aprono vulnerabilità o prendono iniziative in ambienti complessi. Il governo dell'autonomia non si improvvisa il giorno in cui la fantascienza diventa vera. Si costruisce oggi, gestendo bene sistemi che sanno già fare molto più di una semplice esecuzione passiva.

Una verifica pratica. Invece di chiederti quando arriverà la piena autoevoluzione dell'AI, osserva i piccoli spostamenti di autonomia già in corso: strumenti che scrivono codice, agenti che orchestrano workflow, sistemi che correggono altri sistemi. Il futuro spesso non arriva come soglia drammatica; arriva come accumulo di capacità che smettiamo poco a poco di percepire come eccezionali.

Una domanda da portarti via. Invece di aspettare la fantomatica autoevoluzione completa, stai osservando abbastanza i gradini intermedi di autonomia che stanno già entrando nei workflow? È lì che si gioca la governance del presente.

48. L'AI può aiutare il clima senza aggravare il costo energetico?

L'AI può aiutare il clima? Sì, in molti modi: ottimizzazione delle reti energetiche, manutenzione predittiva, riduzione degli sprechi, gestione intelligente di edifici e impianti, modellazione di materiali, ottimizzazione logistica, supporto alla ricerca scientifica, monitoraggio ambientale, agricoltura di precisione, previsione di consumi e carichi. Sarebbe ingenuo negare questo potenziale.

Ma sarebbe altrettanto ingenuo ignorare il costo energetico dell'ecosistema che rende possibile l'AI contemporanea. Addestrare e far girare grandi modelli richiede data center, chip, raffreddamento, reti, infrastruttura elettrica e catene materiali molto intense. E nel 2026 non possiamo più parlare di AI come se fosse "immateriale". L'espansione dei data center, spinta anche dalla domanda AI, è già diventata un tema energetico e industriale concreto.

La domanda giusta, quindi, non è se l'AI sia "buona o cattiva" per il clima. È il bilancio netto. Quanta energia consuma? Quale infrastruttura richiede? In quali casi genera risparmi reali e in quali produce soprattutto nuovo consumo? Aiuta a ridurre emissioni in settori ad alta intensità o moltiplica soprattutto output poco necessari?

Senza metriche serie rischiamo di raccontare come "soluzione verde" una tecnologia che sposta altrove i costi.

Qui conta molto anche il design. Modelli più efficienti, hardware migliore, uso mirato anziché compulsivo, deployment locale quando sensato, misurazione trasparente dei consumi e scelte industriali coerenti possono cambiare parecchio il bilancio. La sostenibilità dell'AI non dipende solo dalla sua potenza, ma da come la progettiamo e da dove decidiamo che abbia davvero senso usarla.

Il punto vero: l'AI può aiutare la transizione climatica, ma solo se smettiamo di considerarla immateriale e iniziamo a valutarne seriamente costi energetici e benefici reali.

Per capirlo meglio. Il dibattito su AI e clima viene spesso polarizzato tra salvezza tecnologica e catastrofe energetica. La realtà è più composita. L'AI può contribuire a ridurre sprechi, migliorare efficienza, prevedere meglio consumi, ottimizzare reti e processi industriali, accelerare ricerca su materiali, logistica e gestione delle risorse. Ma questi benefici non sono automatici né uniformi. Dipendono dal tipo di applicazione, dalla scala, dall'effetto rimbalzo e da quanto l'energia spesa per alimentare il sistema venga compensata da risparmi reali altrove. Il conto si fa caso per caso, non per slogan.

L'errore da evitare. Pensare all'AI come a una tecnologia immateriale è ancora uno degli autoinganni più diffusi. Dietro l'output elegante di un modello ci sono miniere, filiere produttive, chip, raffreddamento, data center, reti e domanda elettrica. Questo non implica che l'AI sia "contro il clima" per definizione, ma che la sua sostenibilità non può più essere raccontata soltanto in termini di potenziale astratto. Servono metriche, scelte di design, efficienza dei modelli, selettività d'uso e una maggiore onestà nel distinguere applicazioni che portano beneficio netto da applicazioni che generano soprattutto consumo addizionale.

Una verifica pratica. Se un progetto AI viene presentato come sostenibile, chiedi sempre qual è il beneficio misurabile e quale infrastruttura richiede. Non è una domanda ostile; è la condizione minima per distinguere innovazione utile da green rhetoric. Il rapporto tra valore creato e risorse consumate dovrebbe diventare parte ordinaria della valutazione di qualunque use case.

Una domanda da portarti via. L'AI che stai celebrando o criticando produce un beneficio netto misurabile rispetto alle risorse che consuma? Senza questa domanda, anche il discorso ambientale rischia di diventare puramente simbolico.

49. L'AI potrà diventare un'estensione della nostra mente e del nostro corpo?

In un certo senso l'AI è già un'estensione della nostra mente. Quando la usiamo per ricordare, sintetizzare, cercare, organizzare, pianificare, scrivere, simulare alternative, delegare micro-decisioni o costruire memoria operativa, stiamo già spostando fuori da noi una parte del lavoro cognitivo. È un'esternalizzazione antica, resa molto più sofisticata. Prima delegavamo al taccuino, al motore di ricerca, al foglio di calcolo. Ora deleghiamo a sistemi che rispondono, riorganizzano e propongono.

L'estensione del corpo è un terreno diverso ma non fantascientifico. Protesi intelligenti, interfacce adattive, sistemi di supporto visivo o uditivo, robotica assistiva, esoscheletri, dispositivi indossabili, sistemi che leggono segnali fisiologici o aiutano il movimento stanno già rendendo più concreto l'incontro tra AI e corpo. In prospettiva, interfacce neurali e sistemi sempre più integrati potrebbero rendere questa estensione ancora più profonda.

La domanda decisiva, però, è a quali condizioni.
Un'estensione può aumentare libertà, autonomia e capacità. Ma può anche generare dipendenza, sorveglianza, disuguaglianza di accesso e perdita di competenze di base.

Se la memoria esterna diventa necessaria per funzionare, che cosa succede quando viene meno? Se l'assistenza cognitiva diventa continua, che cosa resta allenato? Se le capacità aumentate sono accessibili solo a pochi, che tipo di società stiamo costruendo?

Per questo il futuro delle estensioni AI non riguarda solo l'innovazione tecnica. Riguarda anche i confini tra aiuto e sostituzione, tra empowerment e dipendenza, tra autonomia personale e infrastruttura proprietaria.

Il punto vero: l'AI può diventare una potente estensione della mente e del corpo, ma ogni aumento di capacità porta con sé nuove dipendenze e nuovi problemi di accesso, controllo e libertà.

Per capirlo meglio. L'idea dell'AI come estensione della mente è già concreta nella vita quotidiana: memoria esterna, organizzazione, sintesi, pianificazione, generazione di alternative, supporto alla scrittura, assistenza cognitiva, traduzione, navigazione informativa. L'estensione del corpo, invece, emerge dove AI e sensoristica si intrecciano con dispositivi, protesi, interfacce adattive, robotica assistiva o sistemi che leggono segnali fisiologici. In entrambi i casi il punto non è solo che cosa il sistema aggiunge, ma che cosa sposta fuori da noi. Ogni protesi cognitiva o fisica aumenta capacità, ma ridefinisce anche dipendenze, soglie di autonomia e rapporto con l'infrastruttura che la rende possibile.

L'errore da evitare. C'è una retorica molto seducente dell'empowerment: più AI uguale più capacità. Spesso è vero, ma non basta. Ogni estensione tecnica può anche atrofizzare competenze di base, generare lock-in, esporre a sorveglianza, rendere vulnerabili a guasti o interruzioni, accentuare disuguaglianze tra chi può permettersi certe protesi e chi no. La domanda matura non è se aumentarsi sia bene o male in astratto. È a quali condizioni un aumento di capacità resta davvero al servizio della libertà personale invece di trasformarsi in nuova dipendenza invisibile.

Una verifica pratica. Ogni volta che una protesi cognitiva o fisica ti rende più capace, prova a chiederti anche da che cosa ti sta rendendo più dipendente: connessione, piattaforma, abbonamento, dati, aggiornamenti, manutenzione, ecosistema proprietario. Capire il prezzo infrastrutturale dell'aumento di capacità è essenziale per non confondere empowerment e lock-in.

Una domanda da portarti via. Ogni estensione cognitiva o fisica che promette più libertà sta anche creando una nuova dipendenza da piattaforme, dati o infrastrutture? L'aumento di capacità ha quasi sempre un lato sistemico nascosto.

50. Lasceremo davvero una versione digitale di noi dopo la morte?

Lasciare una versione digitale di noi dopo la morte non è più un'idea puramente narrativa. Già oggi esistono sistemi capaci di imitare voce, stile di scrittura, tono, volto, lessico e perfino alcune abitudini conversazionali a partire dalle tracce digitali che lasciamo. Più i dati sono ricchi, più l'imitazione può sembrare convincente. Ma una replica convincente non è la persona. È una costruzione probabilistica che ne riproduce alcuni pattern.

La questione qui è delicatissima perché tocca memoria, lutto, consenso, identità e mercato. Per qualcuno una presenza sintetica potrebbe avere valore consolatorio: conservare una voce, una modalità relazionale, una certa forma di continuità simbolica. Per altri potrebbe essere profondamente disturbante: un simulacro che prolunga il rapporto in modo ambiguo, confonde il ricordo, introduce parole mai dette davvero, oppure viene gestito da piattaforme e contratti invece che dalla sfera affettiva e familiare.

Il primo criterio dovrebbe essere il consenso. Una persona dovrebbe poter decidere prima se e come desidera essere rappresentata digitalmente dopo la morte. Il secondo criterio è la chiarezza: nessuna replica dovrebbe essere spacciata per "continuazione" della persona. Il terzo è la protezione dall'uso improprio: commerciale, manipolativo, reputazionale o patrimoniale.

In fondo la domanda più seria non è se tecnicamente potremo farlo. È se culturalmente vogliamo trasformare il ricordo in una presenza conversazionale artificiale. E, se lo facciamo, con quali limiti.

Il punto vero: una replica digitale post-mortem può imitare alcuni tratti di una persona, ma non ne prolunga davvero la coscienza; per questo consenso e trasparenza sono essenziali.

Per capirlo meglio. Una replica digitale post-mortem ci costringe a distinguere tra traccia, memoria e presenza. Conservare messaggi, video, audio, archivi e documenti è una cosa. Costruire un sistema che continua a rispondere "come se fosse" quella persona è un'altra. Quest'ultimo passaggio produce un effetto relazionale nuovo: non custodisce solo il ricordo, ma simula continuità interattiva. Per alcuni potrebbe essere un conforto, per altri una forma di ambiguità insopportabile. In ogni caso, la tecnologia tocca qui un confine simbolico profondo: il rapporto tra lutto, identità e permanenza digitale.

L'errore da evitare. La domanda non va ridotta a un test tecnico di somiglianza: quanto è credibile la voce, quanto assomiglia il tono, quanto riconosciamo il lessico. Conta molto di più il contesto etico e giuridico: chi ha dato il consenso, chi possiede i dati, chi controlla la replica, per quali scopi può essere usata, come si evita che produca frasi mai dette e scelte mai volute. Una presenza sintetica può facilmente diventare un oggetto commerciale o reputazionale se non esistono limiti chiari. E più l'imitazione è convincente, più questi limiti diventano necessari.

Una verifica pratica. Se immaginiamo repliche digitali post-mortem, la prima domanda non dovrebbe essere "sarebbe bello?", ma "chi decide prima che accada?". Portare il tema sul terreno del consenso anticipato cambia radicalmente la conversazione e impedisce che la memoria di una persona venga trasformata in prodotto, simulacro o controversia dopo la sua scomparsa.

Una domanda da portarti via. Una presenza digitale post-mortem serve davvero alla memoria, o rischia di trasformare il lutto in interazione infinita con un simulacro? La risposta non può essere solo tecnica; deve essere anche culturale.

Conclusione

L'intelligenza artificiale non è quello che pensi. Ma soprattutto non resterà quello che pensi oggi. Questo è forse il punto più importante da portarsi via dopo cinquanta domande. L'AI è insieme più concreta e più scivolosa di quanto appaia: meno magica, meno umana, meno cosciente di quanto il linguaggio ci faccia credere; ma anche più pervasiva, più capace e più strutturale di quanto vorrebbero quelli che la riducono a una moda.

Capirla non significa aderire a un entusiasmo obbligatorio. Significa dotarsi di criteri. Saper distinguere tra sistema statistico e comprensione. Tra supporto e delega. Tra produttività e rumore. Tra personalizzazione e manipolazione. Tra automazione utile e deresponsabilizzazione. Tra creatività assistita e copia pigra. Tra innovazione e concentrazione del potere. Tra futuro plausibile e fantascienza venduta come inevitabile.

Nel 2026 l'AI non è più una conversazione per addetti ai lavori. È una grammatica del presente. Tocca il modo in cui lavoriamo, studiamo, comunichiamo, decidiamo, curiamo, compriamo, ricordiamo e interpretiamo il vero. Per questo l'alternativa non è più usarla o ignorarla. L'alternativa è usarla capendola oppure subirla non capendola.

Se questo libro funziona, non dovrebbe lasciarti con una fede nuova né con una paura nuova. Dovrebbe lasciarti con un'attenzione migliore. E oggi, forse, è già moltissimo.

Avere più criteri non significa diventare freddi o cinici. Significa, al contrario, diventare più liberi. Un professionista che capisce meglio l'AI sa usarla senza esserne usato. Un'organizzazione che la comprende davvero sa introdurla senza farsi governare dalle mode o dai fornitori. Un docente che la conosce sa trasformarla in occasione educativa invece che in minaccia indistinta. Un cittadino che ha qualche categoria in più sa difendersi meglio da manipolazioni, eccessi di delega e fascinazioni superficiali. In questo senso la comprensione non è solo conoscenza tecnica: è una forma di autonomia civile.

Il lavoro che ci aspetta, nei prossimi anni, non sarà soltanto imparare nuovi strumenti. Sarà costruire nuovi criteri condivisi. Su che cosa vogliamo delegare. Su che cosa vogliamo resti umano. Su come misuriamo valore e danno. Su chi decide e chi risponde. Su quale livello di trasparenza consideriamo giusto. Su che cosa siamo disposti a chiamare intelligenza, creatività, relazione o cura quando dall'altra parte c'è una macchina che performa sempre meglio la loro imitazione. Se questo libro aiuta ad aprire queste domande con un po' più di precisione e un po' meno rumore, allora avrà fatto non solo il lavoro di un libro divulgativo, ma anche quello, più ambizioso, di un piccolo strumento di orientamento nel presente.

Glossario minimo per orientarsi

Addestramento (training). È la fase in cui un modello viene ottimizzato su grandi quantità di dati per ridurre l'errore rispetto a un obiettivo. È la fase costosa, lunga e invisibile che precede l'uso quotidiano del sistema. Quando usi un assistente AI, di solito non stai assistendo al training, ma all'inferenza di un modello già addestrato.

Inferenza. È il momento in cui il modello, ricevuto un input, produce un output. Fare una domanda a un chatbot, chiedere un riassunto, classificare un documento o generare un'immagine sono tutti esempi di inferenza. Capire questa distinzione aiuta a non immaginare che ogni interazione modifichi in profondità il modello.

Dataset. È l'insieme dei dati usati per addestrare, valutare o far funzionare un sistema. La qualità del dataset incide direttamente su ciò che il modello impara, su ciò che trascura e sui bias che può assorbire. Dire "i dati" in astratto è comodo; capire quali dati, raccolti come e per quale scopo, è molto più utile.

Modello. È la struttura matematica che, dopo l'addestramento, contiene parametri capaci di trasformare input in output. Non è un cervello, non è una persona e non è il prodotto finale. È il cuore tecnico di un sistema AI, che poi viene spesso inserito dentro interfacce, workflow, basi documentali e strumenti esterni.

Parametro. È uno dei valori numerici interni che il modello aggiusta durante l'addestramento. Nei modelli contemporanei i parametri possono essere milioni o miliardi. Non vanno immaginati come "conoscenze" nel senso umano del termine, ma come pesi distribuiti che rendono possibile una certa capacità di generalizzazione statistica.

Token. È una unità testuale elaborabile dal modello. Non coincide esattamente con una parola. Può essere una parola intera, un frammento, un segno di punteggiatura o una sequenza ricorrente. I modelli linguistici lavorano sui token, non sulla frase come esperienza di senso unitaria.

Finestra di contesto. È la quantità di testo o di informazione che il modello riesce a considerare in una singola interazione. Una finestra più ampia permette di tenere insieme più materiale, ma non equivale automaticamente a una comprensione migliore. Sapere che il contesto è limitato aiuta a progettare richieste e documenti in modo più efficace.

Allucinazione. Indica un output falso, inventato o non fondato, prodotto però con forma linguistica plausibile. Non è una bugia intenzionale: è il risultato di un sistema che genera ciò che appare probabile senza avere sempre un vincolo forte alla verità. Il termine è imperfetto, ma oggi è utile per descrivere uno dei limiti più noti dei modelli generativi.

RAG (retrieval-augmented generation). È un'architettura in cui il modello non risponde solo con ciò che ha appreso in training, ma recupera prima documenti esterni rilevanti. È molto utile per knowledge base, contenuti aggiornati e contesti aziendali. Non coincide con la memoria umana e non elimina da solo il rischio di errore: dipende molto dalla qualità del recupero.

Fine-tuning. È un'ulteriore fase di adattamento di un modello preaddestrato a uno specifico dominio, compito o stile. Serve per specializzarlo, ma richiede dati e obiettivi ben definiti. Non è la stessa cosa che usare meglio il prompting o collegare documenti esterni tramite RAG.

Agente. È un sistema che non si limita a generare un output, ma usa strumenti, prende iniziative, esegue passaggi e può agire in sequenza per raggiungere un obiettivo. La differenza rispetto a un semplice assistente è soprattutto nel grado di autonomia operativa e nei rischi che questa comporta.

Guardrail. Sono vincoli, controlli e meccanismi di sicurezza che limitano comportamenti indesiderati del sistema. Possono riguardare il linguaggio, le azioni consentite, i dati accessibili, le soglie di autorizzazione o le condizioni di intervento umano. In un sistema AI serio, i guardrail non sono accessori: fanno parte del progetto.

Embeddings. Sono rappresentazioni numeriche di testi, immagini o altri contenuti che permettono di confrontarne somiglianze e vicinanze semantiche in modo computazionale. Sono una componente chiave in molti sistemi di ricerca semantica e RAG, perché aiutano a trovare documenti pertinenti senza basarsi solo su parole identiche.

Multimodale. Un sistema multimodale sa trattare più tipi di input o output, per esempio testo, immagini, audio o video. Questo amplia molto i casi d'uso, ma non cancella i problemi di base: anche un sistema multimodale resta legato ai dati, ai vincoli del modello e alla qualità dell'integrazione.

Supervisione umana. È l'intervento di una persona che controlla, valida, corregge o può fermare il sistema. Non basta dichiararla in astratto: conta capire dove si esercita, con quali tempi, con quale competenza e con quale potere reale di contestazione o blocco.

Epilogo

Se sei arrivato fin qui, probabilmente hai capito che l'intelligenza artificiale non è né quello che i suoi sostenitori più entusiasti promettono, né quello che i suoi detrattori più radicali temono. Non è una magia. Non è una mente nel senso umano del termine. Non è un'entità neutrale. E non è nemmeno un fenomeno passeggero da trattare come una moda tecnologica qualunque.

L'intelligenza artificiale è, sempre di più, una componente del mondo in cui viviamo. Entra nei processi di lavoro, nelle decisioni organizzative, nei contenuti che leggiamo, negli strumenti che usiamo per studiare, cercare informazioni, produrre testi, immagini, analisi e codice. In alcuni casi ci fa risparmiare tempo. In altri ci rende più superficiali. A volte aumenta la nostra capacità di fare. A volte ci mette nella condizione di delegare troppo, e troppo presto.

Per questo il punto non è più chiedersi soltanto che cosa sia l'AI. Il punto è capire che tipo di rapporto vogliamo costruire con essa.

Nel corso di queste pagine ho provato a fare una cosa semplice, ma non banale: togliere l'intelligenza artificiale dal territorio dell'equivoco. Spiegarla senza mitizzarla. Ridimensionarla senza sminuirla. Trattarla per quello che è: una tecnologia potente, imperfetta, in rapida evoluzione, costruita da persone, aziende, interessi, infrastrutture, regole e scelte culturali.

Capire l'AI, oggi, non significa soltanto sapere che cos'è un modello linguistico, come funziona un sistema statistico o perché una macchina può generare frasi convincenti senza comprenderle davvero. Significa anche imparare a riconoscere i limiti di questi strumenti, i rischi della delega cognitiva, i problemi di affidabilità, le questioni legate ai bias, alla trasparenza, al potere, alla sostenibilità, alla proprietà dei contenuti e alla responsabilità delle decisioni.

Significa, soprattutto, accettare che la vera sfida non sia tecnica ma culturale.

Ogni volta che una tecnologia si diffonde davvero, cambia qualcosa di più profondo del semplice modo in cui lavoriamo. Cambia il linguaggio con cui descriviamo la realtà. Cambiano le aspettative. Cambiano le competenze che consideriamo importanti. Cambiano le abitudini cognitive. Cambia persino il modo in cui definiamo ciò che vale come conoscenza, creatività, presenza, relazione, fiducia.

L'intelligenza artificiale sta già facendo questo.

Per questo non serve soltanto usarla. Serve imparare a starci dentro con lucidità. Serve formare persone che sappiano porre domande migliori, non solo ottenere risposte più veloci. Serve costruire organizzazioni che non inseguano l'AI per ansia competitiva, ma che la adottino con intenzione, metodo e senso del limite. Serve una scuola che non faccia finta che questi strumenti non esistano. Serve una cittadinanza più consapevole, capace di distinguere tra automazione utile, persuasione opaca, semplificazione comoda e deresponsabilizzazione.

In fondo, questo libro nasce da qui: dall'idea che comprendere la tecnologia non significhi adorarla né respingerla, ma imparare a leggerla nel suo impatto reale sulle persone e sui contesti.

E forse è proprio questo il punto che conta di più: l'AI continuerà a cambiare. Cambieranno i modelli, le interfacce, i casi d'uso, le regole, le aspettative e perfino le paure. Quello che oggi ci sembra centrale, tra due anni potrebbe essere superato. Alcune domande resteranno. Altre andranno riscritte. Nuovi problemi emergeranno dove oggi vediamo solo opportunità. E alcune possibilità, che oggi sembrano lontane, potrebbero diventare improvvisamente ordinarie.

Per questo non considero questo libro un punto di arrivo. Lo considero una fotografia ragionata di un passaggio storico. Una fotografia utile, spero, ma inevitabilmente provvisoria.

Non escludo affatto che nei prossimi anni si renda necessario tornare su queste pagine, aggiornarle, correggerle, ampliarle o persino riorganizzarle ancora. Sarebbe un buon segno. Vorrebbe dire che il dibattito è vivo, che la tecnologia continua a evolvere e che noi stiamo facendo la cosa più importante: non smettere di osservare, capire e rimettere in discussione quello che pensavamo di aver già capito.

Del resto, un libro sull'intelligenza artificiale che pretendesse di essere definitivo tradirebbe proprio la natura del tema che affronta.

Quello che posso augurarmi è che queste pagine ti abbiano aiutato non tanto a trovare certezze assolute, quanto a guardare l'AI con uno sguardo più attento, più critico e più utile. Se accadrà, allora questo libro avrà fatto il suo lavoro.

Per ora, questo è il punto a cui siamo arrivati.

Non l'ultimo.

Solo il più aggiornato, fino al prossimo passaggio.

Informazioni sull'autore

Fabio Lalli è imprenditore, advisor e docente, attivo da oltre venticinque anni nel settore digitale e tecnologico. Il suo lavoro si concentra sull'innovazione, sulla trasformazione digitale delle organizzazioni e sull'impatto delle tecnologie emergenti sui modelli economici, culturali e sociali.

Nel 2011 ha cofondato IQUII, società specializzata in digital marketing, customer experience e sviluppo di soluzioni mobile, successivamente acquisita nel 2021 dal Gruppo Be, oggi parte del gruppo Engineering. Dopo questa esperienza ha avviato nuove iniziative imprenditoriali focalizzate sull'innovazione e sull'ecosistema tecnologico. È fondatore di ICONICO, realtà che supporta startup e nuovi progetti imprenditoriali nello sviluppo di prodotto, nel posizionamento di mercato e nei processi di crescita. È inoltre fondatore di ZeroFive.ai, società di consulenza e advisory dedicata all'adozione dell'intelligenza artificiale nelle organizzazioni, e di MTVRS, iniziativa focalizzata sulla formazione e la diffusione delle competenze legate alle tecnologie emergenti.

Accanto all'attività imprenditoriale svolge attività di consulenza strategica per aziende e istituzioni nei settori finance, insurance, retail e sport, con particolare attenzione ai temi legati all'intelligenza artificiale, alla customer experience, ai modelli di business digitali e allo spatial computing.

È docente in master universitari e programmi executive presso diverse istituzioni accademiche e scuole di formazione, tra cui LIMEC – Università di Perugia, IULM, IED, RCS Academy e Il Sole 24 Ore Business School, dove si occupa di innovazione tecnologica, AI, sport tech, retail technology e trasformazione digitale.

È autore di diversi libri dedicati all'impatto della tecnologia sulla società e sulle organizzazioni.

Tra le sue pubblicazioni:

- Pelle Digitale. Come l'intelligenza invisibile sta riscrivendo la realtà, il corpo e la società (EGEA, 2026),

- 200 parole della tecnologia (NUINUI, 2025),

- La mente adattiva (EGEA, 2025),

- Spatial Shift (EGEA, 2024),

- L'AI non è quello che pensi (2024),

- Sport Digital Transformation (Maggioli, 2020), oltre ad altri saggi e pubblicazioni dedicati all'innovazione tecnologica.

Il suo lavoro di scrittura e divulgazione nasce dall'idea che comprendere la tecnologia sia una competenza culturale prima ancora che tecnica. Per questo nei suoi libri e nelle sue attività di formazione cerca di rendere accessibili concetti complessi, offrendo strumenti per interpretare il cambiamento tecnologico con uno sguardo critico, pragmatico e orientato al futuro.

Per contatti e commenti:
me@fabiolalli.com

www.ingramcontent.com/pod-product-compliance
Lightning Source LLC
Chambersburg PA
CBHW052312220526
45472CB00001B/79